Marie Waldburg

Meistens diskret
Erinnerungen einer Society-Reporterin

Marie Waldburg

Meistens diskret
Erinnerungen einer Society-Reporterin

Für Maximilian und Bernadette,
Emma, Karl, Franziska,
Julia, Johannes und Mathilda

teNeues

Inhalt

Vorwort

von Hape Kerkeling

Liebe Leser,

ich bin ein Fan von Marie Waldburg. Das gebe ich gerne und unumwunden zu. Wie keine zweite Journalistin versteht sie es, gepflegt zu klatschen und diesen gehobenen Tratsch in Umlauf zu bringen. Unterschätzen Sie diese hohe Kunst nicht, liebe Leser.

Manchmal ist es dabei gar nicht so entscheidend, was man zu Papier bringt, sondern was man weglässt. Diese Kunst beherrschen leider nur noch wenige Könner des Metiers. Selbst beim Klatsch sollte man sich nämlich an die gute alte Regel halten, nach welcher Reden zwar Silber, aber Schweigen eben auch immer noch Gold ist.

Marie Waldburg hängt keinem etwas an und so trägt ihr auch niemand etwas nach. Eine klassische Win-win-Situation also. Im besten Sinne des Wortes ist sie vom alten Schlag und darüber hinaus auch noch von edlem Geblüte.

Sie ist klug, beherzt und hat Humor. Klingt es in Zeiten von *#MeToo* schon übergriffig, wenn ich schreibe: Marie ist einfach sexy. Ich kann's nicht ändern. Sie ist es nun einmal und ihre Texte sind es auch. Konzise, könnte man auch sagen. Ich mag die Beschreibungsschärfe ihrer Artikel. Nie sezierend, aber immer der Sache auf den Grund gehend. Das muss eine gute Reportage leisten.

Die Komtesse kennt jeden Promi und alle kennen und schätzen sie. Sie adelt durch die bloße Erwähnung eines Namens. Aber sie kann auch Status durch beredtes Schweigen entziehen. Wenn Sie so wollen, ist Marie Waldburg der Reich-Ranicki des bunten Boulevards.

Wurde man mal nicht wohlwollend von ihr erwähnt, war man durchaus ein bisschen beleidigt. So ein eitler Promi ist eben auch nur ein Mensch. Und keiner weiß das besser als Marie Waldburg.

Die Zeiten haben sich allerdings auch für den Boulevard geändert. Dramatisch sogar. Da, wo es früher mal leicht frivol werden durfte, muss es heute gleich rasend vulgär sein. Wagte man früher einmal einen verstohlenen Blick ins Handtäschchen der prominenten Dame von Welt, so muss es heute schon der dreiste Griff in die Mülltonne des C-Promis sein. Dabei gibt es doch auch beim Klatschen klare Regeln.

Marie Waldburg beherrscht sie allesamt und hält sich strikt daran.

Wie klatscht man denn nun richtig unter Wahrung einer gewissen Etikette?

Sagen wir es ganz deutlich und unumwunden. Es geht in jedem Fall immer darum, über jemanden zu reden, der höchstselbst nicht anwesend ist oder es vielleicht gerade nicht mitbekommt.

Aber, glauben Sie mir, es würde auf After-Show-Partys und Familienfeiern ganz schön still werden, wenn wir das so nicht mehr täten und sich alle Gespräche nur noch um uns selbst drehen würden. Es ist ergo völlig normal, auch mal über Nicht-Anwesende zu plaudern.

So eine Unterhaltung soll uns ja auch immer auf der Höhe der Zeit halten. Es ist doch auch gar nicht schlecht zu wissen, wie es Kollegen, Bekannten, Freunden und Familie allgemein so geht. Ob sie krank sind oder gar verstorben. Verheiratet oder geschieden. Das Examen bestanden haben oder nicht. Umgezogen sind oder ein Baby gekriegt haben. Dieses Wissen kann uns sogar vor Fehlern oder peinlichen Fettnäpfchen bewahren.

Was den professionellen Klatsch betrifft, geht es heute leider inzwischen vor allem darum, schlecht sortierte Unwahrheiten inflationär in die neugierige Welt zu pusten. Wobei „wahr" und „unwahr" natürlich recht dehnbare Begriffe sind. Nach vertrauenswürdigen

Journalisten muss man heute jedoch regelrecht suchen. Auch einige TV-Programme verdienen sich inzwischen mit Semi-Fakten eine goldene Antenne.

Oft sind übrigens die sogenannten Opfer nicht völlig unschuldig an dem Tratsch, der über sie verbreitet wird. So mancher halbseidene Promi spinnt auch gerne selbst ein Netz aus fragwürdigen Gerüchten um sich herum. Allein für ein bisschen Publicity. Nach dem Motto: *Any press is good press.* Tja, auch Negativ-Schlagzeilen sind eben Schlagzeilen.

Klatschen jedenfalls ist wie Sex und hat ganz unbestritten auch seinen Nutzen. Man fühlt sich danach irgendwie besser.

Machen Sie es bitte wie die ungekrönte Königin des Klatsches Marie Waldburg. Halten Sie sich an ein paar einfache Regeln, wenn sie in Zukunft über jemanden reden.

Niemals unwahre oder halbwahre Sachen erzählen. Im Zweifelsfall muss man kontrollieren, ob Geschichten wirklich stimmen. Man muss einen deutlichen Unterschied machen zwischen der erzählten Geschichte und den eigenen Gedanken darüber. Man sollte keine Dinge erzählen, die die eigene Vertrauenswürdigkeit womöglich in Frage stellen. Denkt man, dass eine Geschichte einem anderen schaden könnte, hält man einfach seinen Mund.

Nun wünsche ich Ihnen viel Vergnügen bei der Lektüre dieses Buches.

Ich drücke Sie!
Ihr Hape Kerkeling

Kindheit im Allgäu

Lang waren die Winter im Allgäu. Gefühlte sechs Monate blieb der Schnee liegen, meterdick. Mitten in einem solchen Wahnsinnswinter kam ich zur Welt. Mit mir hatte eigentlich niemand gerechnet – so eine Stunde nach meiner Zwillingsschwester Elisabeth. „Aha, die Nachgeburt", konstatierte meine Großmutter trocken, einsilbig geworden nach der Flucht aus Böhmen, wo sie alles verloren hatte außer ihren Humor. Bis dato hatte meine Mutter nicht geahnt, dass sie Zwillinge erwartete, denn bei jeder ihrer vorherigen Schwangerschaften hatte sie ihre wunderbar schmale Figur behalten. Vielleicht, redete ich mir später ein, war die „eine Stunde später" der Grundstein für meine kämpferische Natur. „Jetzt erst recht" – dieses Credo hat mich nie mehr verlassen.

Elisabeth und ich waren zweieiige Zwillinge, und dass wir uns so gar nicht ähnlich sahen, habe ich später während der 40 Jahre meiner Journalistenzeit oft bedauert. Ich hätte sie, die Diplom-Psychologin, gern gebeten, an meiner Stelle auf Termine zu gehen, wenn ich wieder die Wahl zwischen zwei oder drei Einladungen hatte. Aber vermutlich hätte sie ohnehin energisch abgesagt.

Unsere Kindheit glich einem Allgäuer See: ruhig, glatt und ein bisschen träge. Wir lebten in einem kleinen Dorf, in dem jeder alles vom anderen wusste. Beim Arzt, beim Bäcker, auf der Post: Geheimnisse gab es nicht. Zusammen mit vier anderen kinderreichen Familien, allesamt miteinander verwandt, waren wir, eine große, bunte Bagage, in diesen Nachkriegsjahren auf Schloss Wolfegg, das meinen Großeltern gehörte, einquartiert. Haufenweise Vettern und Cousinen balgten sich um einen einzigen Tretroller und ein Hollandrad. Wir wussten genau: Auffallen war tabu, Extravaganzen ebenso. Anders hätte das Zusammenleben von Dutzenden von Menschen unter einem Dach auch nicht funktioniert. Meine drei Brüder trieben meinen Schwestern und mir sowieso jeden Anflug von Faxen aus. Vielleicht hat mich dies für später geprägt, immer irgendwie meinen Platz zu finden, ob in Gruppen, in Redaktionen, auf turbulenten Bällen oder unübersichtlichen Empfängen.

Nach drei Jahren zogen wir in ein eigenes Zuhause. Mein Vater als Zweitjüngster von zehn Geschwistern hatte, wie die anderen auch, einen recht überschaubaren Besitz geerbt: das kleine, etwas runtergekommene Nachbarschlösschen Kißlegg. Meine Mutter stemmte durch ihre zupackende, unprätentiöse Art einen Großteil der Renovierungsarbeiten kurzerhand selbst: das Streichen der Fensterrahmen, das Entrümpeln der Zimmer samt Speicher und Keller, die Eroberung des verwilderten Gartens und des Dorfes, in dem sie bald so beliebt und zugehörig war, als sei sie hier aufgewachsen. Eigentlich schien ihr immer alles spielend zu gelingen – bis auf das Schwäbische, das blieb zeitlebens mangelhaft. Ihre klassische Schönheit, ihr lebensbejahender Blick, ihr Interesse an anderen Menschen, ihre Genügsamkeit und ihre Disziplin werde ich nie vergessen – Eigenschaften, die auch die Dorfbewohner nach wie vor rühmen. Negative Gedanken waren ihr fremd, das las man in ihrem Gesicht.

Wir Kinder wussten auch, dass wir eine mutige Mutter hatten. Als sie jung verheiratet war, wurde mein Vater im Konzentrationslager Theresienstadt inhaftiert. Er hatte sich dem Naziregime gegenüber offen kritisch gezeigt. Beherzt marschierte meine Mutter damals zum berüchtigten Prager Stadtkommandanten Heydrich und bat, ja bettelte um Gnade. Dass sie dabei eine Marienmedaille in eine Ritze seines Sofas stopfte, war ein Zeichen ihrer tiefen Frömmigkeit. Mein Vater kam frei, musste aber dafür an die Front. Schicksalhaft: Ihr eigener Vater starb in den letzten Kriegstagen an den Folgen seiner Inhaftierung durch die Tschechen.

Meinem ältesten Bruder und meiner Zwillingsschwester konnte sie aber mit ihrer Entschlossenheit das Leben retten. Als Friedrich mit elf Jahren an gefährlicher Meningitis und Elisabeth mit einem Jahr an Lungenentzündung erkrankten, luchste sie in perfektem Französisch den französischen Besatzungsärzten in Weingarten das rettende Penicillin ab.

Das forsche Auftreten, die Courage und gleichzeitig die bescheidene Demut meiner Mutter waren bemerkenswert. Sie stellte sich ganz und gar in den Dienst ihrer Familie. Wo habe ich nur manchmal das Maßlose und Leichtsinnige her, fragte ich mich später. Von ihr bestimmt nicht, und auch nicht vom Vater. Zurückgenommen und stets sehr korrekt arbeitete er an kunsthistorischen Reiseführern, hielt Vorträge und schleppte uns gern in alle Kirchen der Oberschwäbischen Barockstraße, die wir ausführlich zu besichtigen hatten: ein paar Stunden in der „schönsten Dorfkirche der Welt", Steinhausen von Dominikus Zimmermann, mit den bunten Vögeln und Käfern an Säulen und Decken, in der prachtvollen, vom Abendrot gefärbten Kirche von Birnau am Bodensee oder in der Basilika von Weingarten – Kunstgeschichte am Objekt. Heute bin ich dankbar für so viel barockes Gefühl, damals hätte ich gern manchmal geschwänzt. So wie ich ab und zu am Sonntag gern mein Buch weitergelesen hätte, als es donnernd zur Kirche läutete. Meine Mutter, sehr gläubig und Vorsitzende des Katholischen Frauenbundes, hatte da kein Erbarmen, wartete auf der Treppe, bis alle sieben Kinder runtergetrippelt kamen. Und in den auf dem Land so beliebten Rosenkränzen für einen verstorbenen Nachbarn oder Bauern, für die sich alle in Schwarz hüllten, schlief ich beim sonoren Refrain regelmäßig ein.

Unbeschwerte Jahre

Kißlegg bedeutete für uns heile Welt. Vielleicht etwas zu viel heile Welt. Während der prallen Sommer duftete es nach Blumen und gemähtem Gras, dazu das Geläute von Kuh- und Kirchenglocken. Wenn wir schwimmen gingen, hing in der Luft der schwere Duft des Moorsees, über dem die Libellen tanzten. Es gab in der Umgebung viele Bauernhöfe, die den Familien unserer Schulfreunde gehörten, denen wir beim Melken und Brotzeitaufessen halfen.
Böse Worte, Streitereien – das kam bei uns kaum vor. Die Harmonie meiner Eltern, die ähnliche Werte hatten, übertrug sich auf die ganze Familie. Unsere gemeinsamen Essen, zu denen wir uns zu zehnt (die Großmutter war seit der Flucht bei uns geblieben) um den Tisch versammelten, waren keine steifen, förmlichen Begegnungen, sondern bedeuteten lustiges, ungezwungenes Zusammensein. Wir

sprachen über die Schule, über Lokalpolitik, die Ferienpläne und darüber, dass der Hund schon wieder abgehauen war.

Dann und wann ein Gast zum Mittagessen: der Dorfpfarrer, für den Hecht oder Karpfen aus dem Teich und Wein (den gab's sonst nie) aufgetischt wurden, strickende und nicht sehr weltgewandte Tanten oder drei Onkel, die mich besonders faszinierten. Der eine, weil wir immer Wetten abschlossen, wann er wieder einschläft – er hatte aus Afrika die Malaria mitgebracht. Der Zweite, ein Original aus Liechtenstein, mit seinen unglaublich fesselnden Geschichten aus aller Welt. Und der Dritte, der umwerfend gut aussehende jüngste Bruder meiner Mutter, der im Bayerischen Rundfunk die Reportagereihe *Unter unserem Himmel* mit seiner Handschrift prägte. Wenn Gerhard Ledebur ohne eine Spur Angeberei von seiner Arbeit mit Torfstechern, Künstlern oder Originalen erzählte, dachte ich mir, wie wahnsinnig aufregend ein Journalistenleben doch sein müsse. Still und scheu lauschte ich den fabelhaften Storys und malte mir das Leben jenseits des Allgäuer Tellerrands in den kühnsten Farben aus. Das Höchste der Gefühle waren für uns kleine Tagesausflüge zum Skifahren an den Arlberg, nach Oberstdorf, zum Pilzesuchen in den Wäldern oder zu den Bregenzer Sommerfestspielen. Meine Mutter liebte Schnäppchen, kaufte vor der Rückkehr bei einem Abstecher in die Schweiz Kaffee und Schokolade auf Vorrat. „Wir kommen von den Festspielen", flötete sie dann an der Grenze aus dem Fenster, sommers wie winters. Dabei fanden die Bregenzer Festspiele nur im Sommer statt. Aber sie kam immer damit durch.

Einen kleinen Auszug des spannenden internationalen Society-Reigens konnte ich lediglich manchmal der Bunten entnehmen, die ich heimlich meiner Großmutter stibitzte, staunend über Geschichten von Romy Schneider, Sophia Loren oder der Prinzessin Soraya, die erst vom persischen Schah verstoßen und dann vom attraktiven Schauspieler Maximilian Schell getröstet wurde. Hätte mir damals nie träumen lassen, dass ich diesen Frauenversteher später mal selbst interviewen würde, seine Tröstungsbegeisterung riss ja bekanntlich nie ab. Im Klartext: Er tröstete jede Frau, die nicht bei drei auf dem Baum war …

Im Zimmer meiner Großmutter, wo wir einmal die Woche *Fury* sehen durften, war immer etwas Spannendes zu erfahren: Gern erzählte sie von der K.-u.-k.-Zeit, in der ihre Vorfahrin Palastdame von Kaiserin Maria Theresia gewesen war, die fortan in der Familie als Idol verehrt wurde. Und als ich mir mal zum Geburtstag eine Biografie über den Alten Fritz wünschte, empfand meine Großmutter das als echten Affront: „Wie kannst du nur, er ist doch der Erzfeind der Kaiserin gewesen."

Ich entdeckte eine erstaunliche Lust auf skurrile Geschichten oder Typen. Dabei habe ich meine Eltern überhaupt nie über andere Leute klatschen hören, Lästereien über Verwandte gab's nicht. Geerbt hatte ich diese Lust an Glamour, Klatsch und Exzentrik also sicher nicht. Weltgewandter wollte ich damals sein, bestellte mir in der Schwäbischen Zeitung eine Broschüre mit Tipps gegen Erröten und Sprechangst, die mein Vater sehr ungehalten einkassierte. Er fand das wohl – frivol. Aber, dachte ich kleinlaut, ich hatte doch nichts von Beate Uhse bestellt!

Mein Vater konnte schon so manches Mal streng sein. Ihn beschäftigte ja die Sorge um die Zukunft seiner sieben Kinder, seinen Traum einer Habilitation in Tübingen hatte er nicht realisieren können. Er war ernst, aber auch sehr ausgelassen, besonders wenn seine Zwillingsschwester Liese zu Besuch kam. Die beiden Geschwister verstanden sich wie kaum ein anderes Bruder-Schwester-Gespann. Keiner von uns ahnte, dass mein Vater schon früh schwerkrank war und dass ihm das sehr zu schaffen machte. Ganz wehmütig schaute er mitunter, wenn wir Kinder lautstark unsere Ferien planten. Einmal verließ er mit Tränen in den Augen das Esszimmer. Wir blieben stumm und ratlos zurück. Heute würde ich ihm nachlaufen, ihn umarmen. Meine Mutter hatte uns nie gesagt, wie ernst es um ihn stand. Sie wollte uns vor dieser schmerzlichen Wahrheit bewahren, wie sie uns überhaupt lange Kinder sein ließ.

„Du doch nitt, Marille!"

Ich lernte Spitznamen kennen. War empört, wenn uns jemand „Moosfürsten" nannte. So eine hinterwäldlerische Mixtur aus Moos und Moor sollte wohl den typischen Allgäuboden meinen. Dafür war ich dankbar für meinen klaren, knappen Namen: Marie. Er wurde nicht verhunzt zu Baby, Bibi, Butzi, Spatz, Specht, Bär, Schnecke, Bock, Mausi oder Mimmi. Die Liste der Namensverfremdungen war endlos. Ich lernte, mit dem Vorurteil „Gräfin" umzugehen, das ich vor allem in der Grundschule fast als Schimpfwort, zumindest jedenfalls als ziemliche Hypothek empfand. Schon damals, noch vor der Adoptionswut mancher Clanchefs, gab es zugegebenermaßen seltsame Exemplare. Schwarze Schafe wie halt in jeder Branche. Und ich lernte, mich wegen meiner tiefen Stimme zu behaupten. Schon in den ersten Klassen sang ich Bass, während meine Zwillingsschwester dem Sopran zugeteilt war. Von wegen Whisky, den trank ich auch 40 Jahre später nie. Die Stimme allerdings verriet mich oft: im Beichtstuhl beispielsweise, als ich einmal, nur um was zu sagen, unkeusche Gedanken vorgab. „Du doch nitt, Marille, bisch doch vom Schloss", donnerte der Pfarrer. Schon wieder so ein Vorurteil. Kannten Adlige keine menschlichen Gedanken? Und außerdem: War es nicht überhaupt ein Nachteil, ein Mädchen zu sein? Ich fand, dass Buben es besser haben im Leben. Schon allein, weil meine Brüder montags immer Wiener Würstel zum Abendessen bekamen – wir Mädchen Grießbrei. Vielleicht bestand ich deshalb darauf, in Rollenspielen mit den Geschwistern ein Hans Mayer zu sein oder ein Robel Robell. Und im Fasching war ich lieber Cowboy als Prinzessin.

Meine Eltern lebten uns vor: Adel bedeutet noch lange nicht, dass jemand reich oder gar etwas Besonderes ist. Meine Mutter trotzte dem Allgäuer Boden alles ab, was er hergab: Für Pilze in den benachbarten Wäldern hatte sie eine feine Nase, und sie machte Unmengen von Brom-, Him-, Erd- und Heidelbeeren in Gläsern ein. Bei unseren Kindergeburtstagen gab es deshalb meist Marmeladebrot, während bei Nachbarn stets dicke, imposante und köstliche Cremetorten auf den Tisch kamen.

Geduldig hämmerte meine Mutter persönlich kunsthistorische Texte meines Vaters in ihre Schreibmaschine. Für die Einkäufe radelte oder fuhr sie lebensgefährlich im alten VW durchs Dorf, Verkehrsregeln hatte es wohl in ihrer alten Heimat Böhmen nicht gegeben. Jede einzelne Mark, die sie beim Dorfmetzger oder -bäcker ausgab, notierte sie minutiös in einem kleinen Büchlein. Für uns Zwillinge bestellte sie aus dem Quelle-Katalog gern tupfengleiche Kleider, in denen wir aussahen wie das doppelte Lottchen, und zwar vom Land. Für große Hochzeiten wie beim Fürsten von Liechtenstein oder dem Großherzog von Luxemburg ließ sie sich ein Kleid von der Dorfschneiderin verpassen und stach damit laut Erzählungen viele Damen aus. Allüre ohne Couture – das beherrschte sie. Und natürlich behielt sie ihren makellosen Teint bis ins hohe Alter, obwohl sie nie etwas Teureres verwendete als die gute alte Nivea-Creme.

Ab ins Kloster

Die ersten Schuljahre hatten meine Zwillingsschwester und ich gemeinsam mit den anderen Kindern der Umgebung in der ländlichen Grundschule verbracht, aber mit elf Jahren kamen wir, genau wie vor uns unsere älteren Geschwister, ins Internat. Die Entscheidung dafür hatte ganz praktische Gründe: Zu Hause war da, wo Fuchs und Has' sich gute Nacht sagen, die Zugverbindung zum nächsten Gymnasium einfach miserabel. Es wurde aber, ehrlich gesagt, auch nicht lange über die Frage nach der weiterführenden Schule diskutiert, die Sache wurde schlicht beschlossen. Heimisch wurden wir in der Heimschule Kloster Wald nicht wirklich. Die Klosterschwestern schienen zwar nett, stritten sich aber oft heftigst, und ich gab kurzerhand meinen Berufswunsch „Missionsschwester in Afrika" auf. Und gleichzeitig befiel mich ein unsägliches Heimweh. Obwohl ja Kißlegg im Allgäu nicht gerade der Nabel der Welt und Amüsement auch dort eher die Ausnahme war, dachte ich nachts oder auf den zahlreichen endlosen Spaziergängen durch Feld und Wald viel und voller Sehnsucht an diesen Ort.

In Kloster Wald machten große Schlafräume mit bis zu 30 Kindern jede ernste Absicht an eine Ordnung zunichte, alle persönlichen Dinge wurden in einen kleinen Spind oder ins Nachtkästchen gestopft. Das war, reimte ich mir später zusammen, der Ursprung meiner stets chaotischen Zettelwirtschaft, unter der ich noch heute leide. Was habe ich mich in meinem Leben mit dem Suchen und Finden von Materialien und Unterlagen verzettelt.

Mit Freude denke ich nur an den guten Deutschunterricht zurück, der in mir die Lust am Lesen entfachte. Das Leben in Adalbert Stifters *Nachsommer* oder Eichendorffs *Aus dem Leben eines Taugenichts* schien tröstlicherweise auch nicht spannender als die Monotonie des Klosters. Mit meiner Freundin Minou verfasste ich gern romantische Gedichte. Wie schon daheim war die Sonntagsmesse ein „Must", und der Samstag bestand aus verschiedenen Ämtern: Treppenputzen, Kartoffel-schälen, Unkrautjäten im Klostergarten. Als „Demutsübung und Vor-bereitung aufs Leben" getarnt, war diese Einteilung nichts weiter als eine Einsparung entsprechenden Personals. Verlesen von der strengen Schwester Eva Maria auf der Treppe, Protest zwecklos. Dann und wann erreichte uns auch ein Brief meiner Mutter, stets an die „Zwillinge Waldburg" adressiert und oft mit kleinen Kritiken („im Wäschekorb fehlten schon wieder viele einzelne Strümpfe") versehen.

Im Kloster herrschte für alle Mädchen Uniformpflicht. Alle trugen einen grauen Rock und einen blauen Pulli. Die Handvoll männlicher Lehrer hatten kein leichtes Spiel mit uns: Entweder sie wurden ange-himmelt oder, was öfter vorkam, ausgelacht. Nie werde ich vergessen, wie der Physiklehrer schwitzend zwischen Ofen und Schreibtisch balancierte, um uns – einem grau-blauen, kichernden, pubertierenden Häufchen – einen Aspekt der Gleichgewichtstheorie beizubringen. Lang haben es Lehrer in Kloster Wald nie ausgehalten.

Andere Männer, für fast alle von uns Schülerinnen noch unbekannte Wesen, entfachten die abenteuerlichsten Fantasien: Als John F. Kennedy in Dallas erschossen wurde – musste ich es auf der Leiter beim Abend-essen verkünden. Die ganze Mädchenschar fiel in eine kollektive Hysterie samt Weinkrampf. Für das abendliche Vorlesen von eigens angestrichenen Artikeln wurde ich von den Nonnen wegen meiner „klaren, deutlichen Stimme" ausgesucht. Das Vorlesen hatte den Vorteil, dass ich danach oft das Essen des Refektoriums serviert bekam. Damals war das ungefähr so, als hätte man im Sternelokal Tantris speisen dürfen statt in der Suppenküche. Kartoffeln waren an der Tagesordnung, die Nonnen aßen Ragout fin.

Das Klosterschulleben war streng. Als ich einmal die Chuzpe hatte, ein Poster von Filmstar Gregory Peck überm Bett aufzuhängen – ich hatte ihn im Film *Wer die Nachtigall stört* bewundert –, war die Hölle los. „Runter mit dem Mann!", befahlen die Klosterschwestern. Damit endete mein Kinobesuch in Kißlegg fast sündig. Schon beim Film *Wilde Erdbeeren* von Ingmar Bergman, in den uns unsere Großmutter versehentlich einlud, hatte es mittelschweren Ärger gegeben …

Trotz schwerer Anfälle von Heimweh, die mich in der Klosterschule überfielen, stellte ich vor allem in den langen Sommerferien oft fest, dass es daheim doch sehr beschaulich zuging. So war ich richtig froh, als ich zweimal als Austauschschülerin nach Dijon in Frankreich reisen durfte, das erste Mal mit 13 Jahren, das zweite Mal mit 15. Die Fahrt erschien mir wie eine Weltreise per Zug, dreimal musste ich umsteigen.

Die Gastfamilie im tiefsten Burgund war mindestens so kinderreich wie wir, nonstop kamen irgendwelche Vettern vorbei. Ich verliebte mich platonisch in einen Michel, und das hatte den Vorteil, dass ich besonderen Ehrgeiz entwickelte, bald „couramment" (fließend) zu parlieren. Wir lasen Marcel Proust und Gustave Flaubert und hatten eine gute, harmlose Zeit. Mit Ausflügen ins prachtvolle Beaune oder nach Dijon, an den bunten Dächern des alten Hospizes konnte ich mich gar nicht sattsehen. Wenn die Sonne auf die Ziegel in allen Farben schien, wirkte das Ganze wie ein monströses Kaleidoskop.

Ohne weitere amouröse Konsequenzen verlief auch ein Wochenende auf dem schwäbischen Schloss Langenburg. Die Bewohner: direkte Verwandte von Prinz Philipp. Weil man Prinz Charles und seiner Schwester Anne eine Abordnung deutscher Mädels und Buben vorführen wollte, kamen wir zu einer Einladung. Vielleicht mit Hintergedanken,

schließlich hatte ja die Achse Deutschland–England schon mehrfach zu Heiraten geführt. Leider – oder Gott sei Dank – waren wir doch noch sehr jung. Backfischrund und pausbäckig saßen wir auf einem Sofa, und Charles machte keinerlei Anstalten, eine von uns zum Tanzen aufzufordern. Anne war, wie ich mich erinnere, da schon couragierter. Mit dem Tänzer von anno Schnee wäre sie vielleicht sogar glücklicher geworden als später mit Mark Philipps. In dieser Zeit begann ich, mir die lustigsten Konstellationen auszumalen. Was wäre, wenn …
Manche unserer frühreifen Klassenkameradinnen von Kloster Wald stürzten sich zum Ferienbeginn in sündig enge Kleider, rot wie ihre angemalten Lippen, schwadronierten von kommenden Partys mit ersten Flirts oder vom Einkaufsbummel im mondänen München. Dort waren Elisabeth und ich bis dato nur einmal eingetaucht, für eine Molière-Vorstellung in den berühmten Kammerspielen. Die vorlauten Mädchen standen in der etwas fragwürdigen Klassen-hierarchie ganz oben, um ihre Gunst buhlten wir. Und die Liebe, von der viele bereits schwärmten, kannten wir nur aus Büchern. Sehr beliebt und eifrig herumgereicht wurden die Romane *Die Clique* von Mary McCarthy oder *Die Frauen des Hauses Wu* von Pearl S. Buck, die wir unter der Bettdecke heimlich mit der Taschenlampe ver-schlangen. Wer damit erwischt wurde, flog fristlos. Bis zum Hals klopfte uns das Herz, als ein paar Soldaten vom Nachbarregiment wegen einer dummen Wette eines Nachts an der Regenrinne bis zu unserem Zimmer der Klosterschule hochgeklettert waren. Ein paar Schülerinnen, auch sonst Streber, holten sofort die Nonnen zu Hilfe. „Schad', dass ihr sie weggescheucht habt", meinten ein paar andere Mädchen danach vorwurfsvoll.
Noch mit 18 war ich ein ziemlich ahnungsloses Greenhorn – mit Babyspeck vom kalorienreichen Essen und bar jeder Erfahrung. Jede Ferien kam ich noch rundlicher nach Hause, sodass der Pfarrer einmal frech meinte: „Marille, wennst so weitermachscht, dann hänge mir di als Barockengele in die Kirch'." Vielleicht war das lange Kindsein sogar gut so: Es hat uns möglicherweise länger jung gehalten und vor Schlimmerem bewahrt. Mindestens ein Dutzend der

Schulabgängerinnen wurde, so verkündete die Buschtrommel, sofort schwanger. Trotz Aufklärung.

Meine älteste Schwester Eleonore war die Erste von uns Kindern, die heiratete, und in ihrem Brautkleid „made in Allgäu" sah sie hinreißend aus. Dies war die einzige Hochzeit seiner Kinder, die mein Vater noch miterleben konnte. Im Jahr 1966, zwei Wochen vor meinem Abitur, starb er.

Mit nur 52 Jahren war meine Mutter Witwe und beschloss, wie sie mehrfach bekräftigte, nie mehr heiraten zu wollen. Für die Familie blieb sie der Fels in der Brandung, eine starke, erfindungsreiche und auch künstlerische Frau. Sie malte wunderschön, und es entstanden nicht nur viele Aquarelle, sondern Tassen, Vasen, Schüsseln und Teller mit aufgemalten kleinen Blumen, Mustern oder Tieren. Wenn sie ausstellte, ging der Erlös der Verkäufe nicht etwa an uns, sondern an rumänische Kinder, die sie zeitlebens unterstützte und die sie später, als wir längst alle aus dem Haus waren, gern besuchte. Meist in Billigfliegern, von denen der eine während ihrer Reise pleiteging, sodass sie mühsam per Zug zurückkommen musste. Darüber habe ich sie ebenso wenig jammern hören wie über etwas anderes. Sie klagte einfach nie. Eine Zugfahrt nach München, wo sie mich später besuchte, war für sie trotz dreifachen Umsteigens nicht etwa beschwerlich, sondern bereichernd. „Schon wieder habe ich so viele interessante Leute kennengelernt", sagte sie schon beim Aussteigen. Drei ihrer neuen Bekannten halfen ihr derweil mit dem Gepäck, von allen anderen Mitfahrern im Abteil hatte sie während der ruckligen Fahrt sämtliche Lebensläufe und Berufe erfahren.

Und wie sieht Kloster Wald im Rückblick aus? Als wir kürzlich 50-jähriges Abiturjubiläum feierten und fast alle der „gequälten" Mädchen dafür anreisten, sprach niemand von verlorenen Jahren oder schlechter Erfahrung. Oft – und das sollte ich später noch unzählige Male erleben – hat die Erinnerung das Negative getilgt und mehr Positives gespeichert. Ist ja besser als umgekehrt.

Ich denke heute an die vielen Rollen, die ich im Schultheater spielen durfte, an die Leiter, auf der ich beim Essen hoch oben thronend die

Tageszeitung vorlas, an die Freundschaften, die zum Teil bis heute bestehen, die unglaublich charismatische Oberin, die aus dem Geschlecht der Kotschoubey-Beauharnais stammte und einen so spannenden wie abenteuerlich freien Geschichtsunterricht gab. Eigentlich schweifte sie stets ab, um auf ihre Familie zu kommen.

Auch ein Besuch in der Kirche ist heute für mich keine Strafe mehr – im Gegenteil. Wenn ich eine Predigt vom Jesuitenpater Karl Kern samt Messe in meiner Münchner Lieblingskirche St. Michael erlebe, fühle ich mich gut. Eine sinnvolle Zäsur nach einer Woche voll mehr oder weniger wichtiger Geschichten um mehr oder weniger wichtige Menschen, die man als Journalist ohnehin immer nur peripher begreifen konnte. Viele dieser Menschen gaben immer nur ein Bild ab, und zwar das, das sie von sich haben wollten, welches aber mit der Wirklichkeit oft nicht viel zu tun hatte. Die Bedeutung, die der Kirchgang für mich hat, bleibt. Ist mir inzwischen auch egal, wie andere das finden. „Ach, euer lieber Gott!", lästerte gern eine Journalistenkollegin. Ja, wo bleibt denn da die Toleranz?

Möglicherweise haben mir genau diese Erziehung, die geerdete Ruhe und die leise Monotonie meiner ersten 18 Lebensjahre ganz gutgetan und dafür gesorgt, dass ich trotz aller Verführungen des späteren Lebens nie wirklich ganz entgleise.

Lehrjahre
1966 bis *1976*

Endlich Aufbruch in die weite Welt! Endlich Freiheit! Die war man so gar nicht gewohnt nach sieben Jahren im Kloster. Wer bin ich? Was will ich im Leben erreichen? Fragen, die ich mir zu Anfang eher weniger, aber vor allem später im Beruf oft stellte. Es kam mir gerade recht, dass mich mein Diplomatenschwager fragte, ob ich nach Pakistan nachkommen wolle: primär zur Kinderbetreuung, jedoch auch zum Tapetenwechsel, zum Eintauchen in ein fernes Land. Pakistan, das klang für mich wie „Tausendundeine Nacht", exotisch, farbenfroh, mit exotischen Gewürzen in der Luft, weit weg, abenteuerlich. Es war mein allererster Flug, damals mit 18 Jahren. Die Eltern waren schon vor Ort, mein zweijähriger Neffe und ich flogen hinterher. Ich sah aus wie 15, weshalb viele Passagiere sorgenvoll bis mitleidig dreinschauten: „So jung und schon ein Kind ..."

Die Botschaft in Islamabad, die wir nach endloser Reise mit Umsteigen in Athen und Karatschi erreichten, war funkelnagelneu, eine Retortenstadt, hässlich und fantasielos aus dem Wüstenboden gestampft. Botschaften und Residenzen waren erst im Aufbau, den Diplomaten wurden halb fertige Häuser hingestellt. Trotz allem – die Neue Welt, damals noch friedlich, war megaspannend für mich. Den Khaiberpass als Brücke zu Afghanistan konnte man 1966 genauso offen passieren wie die bayerische Alpenstraße. Ein paar Pakistani hockten bei unserer ersten Fahrt nach Kabul am Wegrand, keine Waffen in Sicht. Die Männer mit den langen Gehröcken, Pluderhosen und Turbanen waren arm, lebten aber in Frieden. Prachtvolle Ausblicke boten sich unterwegs auf schneebedeckte Berge, die zum Greifen nah schienen, in der Stadt warteten dann Basare mit Nüssen, Stoffen, Obst und Gemüse auf Kundschaft. Mädchen und Buben aus den internationalen Schulen prägten mit ihren pittoresken Uniformen das Straßenbild ebenso wie die mosaikverzierten Moscheen, um die es behäbig-friedlich und zugleich aufregend-betriebsam zuging. Amerikanische und englische Professoren lehrten an den Unis, die Hoffnung auf westliche Einflüsse und ein Mithaltenkönnen in der Wirtschaftswelt war groß.

Zugegeben: Für einen Diplomaten, der auch nach Paris, London, Kopenhagen oder Rom hätte geschickt werden können, war Pakistan nicht gerade der Joker. Nicht nur, weil permanent Gefahren lauerten: Junge Mütter, wie meine Schwester, kochten akribisch alles ab, bevor es in den Topf kam, und es gab Kreuzspinnen, von denen ich die gefühlt dickste überm Bett erschlug. Es war auch schwer begreiflich für einen Europäer, dass ein Hausangestellter ausschließlich für ein Amt bestimmt war: Ausgeschlossen, dass der Nachtwächter mal den Koch ablöste, die Verständigung mit ihnen beiden wie auch anderen lief in einer Mixtur aus Urdu und „Benglisch" ab. Es gab Botschaftsräte, die ihr Heimweh gern in sehr viel Whisky ertränkten, neben der Tristesse aber auch smarte Konsuln, denen ich mehr schlecht als recht Deutschunterricht erteilte und die mich dafür ab und zu einluden: nach Murree, einem eleganten Luftkur-Bergdorf in der Manier von Beverly Hills, ins malerische Hunzatal mit den schönsten Menschen, die ich je sah. Oder im Flugzeug einmal um den K2, nach dem Mount Everest der zweithöchste Berg der Erde. Das ruckartige Kreisen um das schneebedeckte Trumm, das wir wagten, war nicht ganz ungefährlich, aber aufregend. Aufregend wie der Gaul, der mich mit seinem „Master of riding" oft abholte und einmal wie gesenkt durchging, in rasendem Tempo vorbei an Doppelbussen und an schreienden Kindern.

Irgendwie sind mir originelle bis chaotische Abenteuer stets zuverlässig zugefallen, ich zog sie geradezu an. Und es sollte so bleiben. Reich an Eindrücken und Körpergewicht kam ich nach einem zweiwöchigen Umweg über Nairobi nach zehn Monaten wieder zurück nach Deutschland. Die Hippiekleider und die Ketten aus Pakistan hätte ich am liebsten durchgehend weitergetragen. So wie die damals üblichen – und so ganz und gar nicht comtessenhaften – Batik-T-Shirts. Dann aber standen große Feste an, und wir bekamen erste Abendkleider verpasst, die heute bereits 13-Jährige tragen. Die Hochzeit einer Cousine auf einem Megaschloss war märchenhaft schön, auch wenn eine bösartige Tante meiner Mutter danach schrieb: „Deine runden süßen Zwillinge ..." Wie unverschämt. Da beschloss ich abzunehmen, so konnte es nicht weitergehen. Ich verordnete mir ein halbes Jahr hart gekochte Eier und Joghurt mit gekochtem Reis. Gewöhnungsbedürftig.

Auf der Suche nach dem Weg

Journalistin oder Dolmetscherin – was wollte ich werden? – war nun die Frage. Entscheidungen fielen mir nie leicht, auch später nicht. Angetörnt vom diplomatischen Stimmengewirr entschied ich mich fürs Sprachenstudium in Heidelberg. Durch Freunde bekam ich die beste Wohnadresse der Stadt: eine Villa am Berg, in der Eva Rechel-Mertens lebte, die Übersetzerin der Proust-Schinken *Auf der Suche nach der verlorenen Zeit*, Werken von Camus, Sartre und vielen mehr. Eine Grande Dame mit viel Gespür für Worte und Geschmack für Einrichtung, mein Zimmer glich einem kleinen Antiquitätengeschäft. Abgesehen davon, dass ich die Dame des Hauses nach jedem Wort in meinem Wahlfach Französisch fragen konnte, war die erste Studentenbude so gar nicht spartanisch, sondern eine Trouvaille: mit Blick auf den Neckar, einem sympathischen zweiten Untermieter, kurzer Laufzeit zur Innenstadt. Es war die Ära der Studentenlokale Tangente und Lupe, ein gewisser Roland Kuffler, den ich später in München leibhaftig kennenlernen sollte, hatte die Nase dafür, was in der Nacht zieht. Man freute sich auf Wochenenden in der malerischen Umgebung mit Ausflügen nach Schloss Schwaigern oder Schwetzingen oder in einen der zahlreichen Gasthöfe, las viel und dachte zuweilen ein wenig sehnsüchtig, dass irgendwo anders der Bär tobt: in München, Paris oder sonst wo, jedenfalls kaum in Heidelberg, wo man nur studieren konnte.

Das Gefühl nahm zu, und ich machte mich nach einem Jahr auf nach München, um das Sprachenstudium Französisch und Italienisch fortzusetzen. Ein Entschluss mit harten Folgen, denn alles war teurer, hektischer, konkurrierender, anstrengender in Bayerns Metropole. Statt des großen Neckarzimmers bewohnte ich nun ein handtuchgroßes Zimmer mit Wohnklo, das Taschengeld blieb jedoch bei 300 Mark ... Heile und ruhige Welt eingetauscht gegen Society-Karussell, selbst schuld.

Um mithalten zu können, gab ich einem Gymnasialschüler Französischunterricht, brachte dann und wann die geerbte Perlenkette ins Pfandhaus, wo ich sie dann fristgemäß wiederholte (bis auf ein Mal, was mich schmerzte), verdingte mich als Auskunft bei der Post, als Babysitter oder als Bademantelmodel bei der Modewoche. Die Studentenunruhen der 68er liefen in Schwabing quasi direkt vor meiner Haustüre (vis-à-vis des In-Italieners Osteria Italiana in der Schellingstraße) ab, und die Reichen feierten damals noch laut und sichtbar. Jung war man, passabel hübsch und unbekümmert, und oft wurde ich mitgenommen zu einem dieser ausufernden Feste. Ein bisschen sorglos für diese politisch aufgeheizte Zeit. Es gab Typen, die ernsthaft Listen führten mit den Namen der einladungsbereiten Girls der Stadt. Das Perfide daran: Man konnte, gerade noch oben auf Rang eins, plötzlich ganz unten landen. Ich habe mich geweigert, in diesem chauvinistischen Zirkus mitzumachen. Auch die Frage „Wer bin ich, was will ich im Leben erreichen?" war zweitrangig geworden in dieser unsteten Zeit, in der keiner an morgen dachte und Probleme oberflächlich abgetan wurden.

Von jetzt auf gleich beschlossen wir, eine lose Freundesgruppe, zum Skilaufen nach St. Moritz zu fahren, um dann – es war bereits stockdunkel und nebelig – weiterzudüsen nach Forte dei Marmi bei Pisa, meinem Sehnsuchtsort seit Kindertagen. Dorthin, wo wir damals alle sieben plus Eltern ein paar Tage lang den superbreiten Sandstrand genossen hatten. Von Forte dei Marmi ging es weiter zu den Uffizien nach Florenz.

Ohne Zäsuren zum Nachdenken wäre das Leben atemlos wie ein Eilzug weitergerast. Besonders an Weihnachten 1968 hatte niemand mit einer Zäsur gerechnet, doch kam sie zwei Tage später – wie ein Orkan. Wir Geschwister waren alle zum Skifahren nach Isny gefahren, bis auf den ältesten Bruder, der zum Büffeln nach München wollte. Wieder zurück in Kißlegg machte uns ein Polizeiauto stutzig, das im Hof direkt vor der Türe parkte. Der arme Dorfpolizist hatte eine schlimme Nachricht überbracht, die meine Mutter taumeln ließ: Fritz war in seinem alten Auto hinter Landsberg gegen einen überholenden Lastwagen geprallt, er konnte nicht mehr gerettet werden. Und sofort, auch später, wenn tragische Dinge passierten, spulte sich ein Film vor meinen Augen ab: Was war mein Bruder, der seinerzeit das beste Abitur Baden-Württembergs schlechthin absolviert hatte, für ein Mensch? War er einsam, kompliziert, der Rolle als Ältester, als Vaterersatz gewachsen? Sofort bereuten wir die Ungeduld, die uns manchmal befiel, wenn er zum dritten Mal sein Studium ändern wollte und uns um Rat fragte. Überbegabung kann auch eine Last sein. Sofort, und dafür bewundere ich ihn, fuhr mein zweitältester Bruder an den Unglücksort. Genau in diesem Moment änderte sich sein Leben grundlegend, ein jäher Entschluss von oben, denn nun musste er die Vaterrolle übernehmen, und das mit Mitte 20. Sicher hätte er noch gern ein paar Jahre ein Leben ohne Verantwortung für uns geführt. Die Beisetzung an einem sonnigen, klirrend kalten Wintertag mit so vielen fassungslosen jungen Leuten, Freunden meines Bruders, hat sich fest in mein Gedächtnis gegraben. Und Schicksale jeder Art, ob wie hier in echt, in Filmen oder in Büchern, waren ab sofort meine Begleiter. Und immer im Blick: Wie schnell kann alles vorbei sein? Und: Kann man Achtsamkeit lernen? Lässt sich ein Ende erahnen?

Schnell hatte einen das rastlose Leben wieder eingeholt, war man unversehens erneut an die Oberfläche gespült worden. Auf das Dolmetscherexamen in München folgte ein Jahr Praktikum in Paris. Dass ich dort als Übersetzerin bei der Zeitschrift Jasmin landete, beflügelte noch mehr meinen Wunsch nach dem Journalistenleben. Jasmin, ja, das war das Magazin mit dem erotischen Lexikon zum Ausschneiden, aber ich war mehr mit Übersetzen denn mit Inhalten beschäftigt. Nach dem Praktikum langweilte ich mich eher bei einem Getreidebroker und war bei zwei Anrufen am Tag unterfordert bei einem Immobilienhai an der Place Vendôme. Paris in all seiner Schönheit und Unbarmherzigkeit gefiel mir und forderte mich zugleich heraus. Mein Domizil in einer Conciergewohnung war okay, getoppt allerdings von der Maisonette einer Freundin direkt neben dem Eiffelturm. Was für ein Blick! Und ein reges Treiben unten auf der Rue Saint-Dominique. Quirlige Brasserien wie aus Lelouch- oder Godard-Filmen, Buchhandlungen und Blumenläden wie aus dem Bilderbuch. Dieses Leben, schnell einen Café und ein Croissant unten an der Ecke und dann ab ins Büro, habe ich geliebt. Ich lernte, wie die französische Gesellschaft tickt, musste auf Empfängen oft ein „Et vous êtes qui?" (Und wer sind Sie eigentlich?) über mich ergehen lassen. Auch gab es viele Familien, die immer noch nicht überwunden hatten, dass die Deutschen einst in ihr Land eingefallen waren und dort so viel Elend zugefügt hatten. Aber ich liebte diese Stadt mit ihren verschiedenen Quartiers, Innenhöfen, Gassen, Palästen, Parks, Museen und – Kinos. Lernte, dass die Franzosen den Film kennen und lieben wie kaum ein anderes Volk. Jahre bräuchte es, um alles zu inspizieren: den Jardin des Tuileries und den Jardin du Luxembourg, die überdachten Einkaufspassagen Galerie Vivienne oder Colbert sowie den legendären Friedhof Père Lachaise mit den Gräbern von Frédéric Chopin, Oscar Wilde, Molière und Edith Piaf, Marcel Proust und vielen mehr.

An den Wochenenden war ich froh, bei Freunden auf dem Land eingeladen zu sein, auch wenn das Rauskommen aus dem Moloch Paris Stunden dauerte. Aber dann kam der Sommer, und es überfiel mich schon wieder das Heimweh: nach den bayerischen Seen, den Bergen, der lässigen Unbeschwertheit Münchens. Wer von Paris raus aufs Land fährt, ahnt, was ich meine. Das schnelle Eintauchen in eine andere Welt oder gar in einen See, das gab es nicht. Und so hatte mich München wieder.

Erneut unterwegs als Studentin, war das Geld stets knapp, und dass meine Freundinnen reiche Erbinnen waren, machte die Sache nicht besser. Dankbar nahm ich einen Halbtagsjob bei der Quick an, die damals eine durchaus erfolgreiche, aber auch ein wenig halbseidene Illustrierte war. Eine meiner Aufgaben war der Ausschnittdienst fürs Archiv, eine spannende Reisereportage führte mich auf die Nordseeinseln Helgoland, Amrum, Föhr und schließlich Sylt, wo ich gleich an der Buhne 16 alte Bekannte traf: den Fürsten Joachim „Joki" zu Fürstenberg mit seiner kompletten Familie. Sie, die mit dem Salonwagen von Donaueschingen bis Westerland angereist waren, kannten die Insel aus dem Effeff, und ich profitierte gut davon. Bei Karlchen, im Pony oder im Dorfkrug überbot man sich, wenn die Fürstenbergs anrückten. Noch oft sollte ich später dem so großzügigen Joki begegnen, einem der letzten Gentlemen neben Gianni Agnelli und Gunter Sachs. Mit seiner Tochter Antoinette bin ich seit den turbulenten Sylttagen gut befreundet, sie hat die Großzügigkeit und den Humor ihres Vaters geerbt.

Eines half: Singles hatten damals ein goldenes Leben, waren nonstop eingeladen. Wie auf Sylt, so auch in München in den In-Lokalen. Im La Cave, Humplmayr, Boettners und bei Edith, Sugar Shack oder Eastside tobte das Leben, ich lernte nolens volens Unmengen von Menschen kennen, mehr Menschenkenntnis hätte mich vor manchem Angeber bewahrt. Statt dem Klassiklook Twinset und Schottenrock trug ich lieber Unkonventionelles aus dem Citta 2000, der Hippie-hochburg an der Leopoldstraße, man schwofte am Monopteros im Englischen Garten, sang *Oh Happy Day* und hörte *Imagine* von den Beatles, *Bridge over Troubled Water* von Simon and Garfunkel oder *No Woman, no Cry*. Statt sich wie Silvia Sommerlath bei den Olympischen Spielen nützlich zu machen, fuhr ich mit Freunden zum Zelten nach Marokko. Es war eine herrliche, unbeschwerte Zeit, in der man wenig an morgen dachte. Übrigens prägte die schöne Heidelbergerin unbewusst unseren Stil. Gespannt verfolgten wir, wie sie Carl Gustav, den damaligen Kronprinzen von Schweden, mit seinem Freund Prinz Leopold von Bayern im Nachtlokal kennen-lernte, und kopierten Silvias schmale Augenbrauen (gezupft heißt: Sie wachsen nie mehr üppig nach) und Sechserlocken. Ohne Erfolg: Ein weiterer Prinz war nicht in Sicht. Um ehrlich zu sein, wollte ich den auch nie.

Die Schreibschmiede

Zurück zum Berufswunsch: Jetzt wurde es ernst, nun wusste ich, was ich langfristig wollte. Meine Mutter und mein nun ältester Bruder hatten diese vielen Wechsel wirklich heldenhaft ertragen. Ich schrieb mich für Kommunikationswissenschaften, Romanistik und Germanistik an der Uni ein, lernte Gedichte von Rimbaud kennen oder machte Literaturvergleiche zwischen Emile Zola und Boris Vian. Viel für den Kopf, aber wenig fürs zukünftige Leben, und eigentlich hatte ich stets nur die Deutsche Journalistenschule im Visier, in die ich schließlich 1973 aufgenommen wurde.

Die Zusage war ein Ritterschlag, denn von 1000 Bewerbern kamen pro Jahr nur 30 rein, darunter Günther Jauch und Sandra Maischberger. Und es war die tollste, aufregendste Zeit, die man sich in München nur vorstellen kann. All die Oberfläche der vergangenen Jahre wurde wettgemacht – mit ständigen Herausforderungen, mit Theater, Kino, Opern, Ganztagsunterricht, Hausaufgaben, Zeitungsstudium etc. Viel nachzuholen hatte ich in puncto Allgemeinbildung. Ich liebte den Unterricht der Redakteure von Herbert Riehl-Heyse bis Society-King Michael Graeter, der uns in seiner lässigen Gockelart gefiel. Und auch von der Filmkritikerin Ponkie, die mir für eine Kinokritik wegen Überlänge eine miserable Note gab. Dafür bekam ich eine Eins für ein Radiointerview mit einem Gynäkologieprofessor, der raushatte, wie man einen Buben oder ein Mädchen plant. „Die erotische Stimme, passend zum Thema", urteilte er. Am liebsten waren mir Auswärtsspiele, das heißt Auftragsreportagen: „Wer kommt am weitesten in die FC-Bayern-Umkleidekabine" war beispielsweise ein Thema, und ich war selbst erstaunt, dass ich nicht mehr rot wurde wie früher, sondern dank der Unterschrift von Uli Hoeneß beweisen konnte, dass ich wirklich sehr weit gekommen war. Mensch, war der damals gut aussehend mit seinen blonden wilden Locken. Ich fand diesen Ausflug vergleichsweise spannender als die Aufgabe „Was gibt es auf dem Viktualienmarkt noch unter zehn Pfennig zu kaufen?". Ja, das gab es wirklich noch, so lange ist das her.

Es war nicht alles besser, aber sehr viel anders als heute. Ehrlicher, einfacher, lebendiger. Keiner war verwöhnt, außer der Tochter des Intendanten Viehöfer, die ohne Prüfung auf die Journalistenschule kam und später Klausjürgen Wussow, den Doktor der *Schwarzwaldklinik* heiratete. Arroganz wäre ebenfalls ausgelacht worden. Und es gab turbulente Klassenfahrten. Nach Berlin, wo ich bis dato nie gewesen war. Eingeladen von Günter Gaus, besichtigten wir den Palast der Tränen, durften nach viel Papierkram in den Osten rüberstapfen, besuchten dort Rathaus und Schaubühne oder fuhren per Tram zum Checkpoint Charlie – die geteilte Stadt faszinierte uns total.

Ewig hätte diese Journalistenschulzeit so weitergehen können, aber nach 18 Monaten war unwiderruflich Schluss. Aus einem Hut zogen wir die Schicksalsorte für zwei Praktika, die unser nächstes halbes Jahr bestimmen sollten: Mit meinem Glücksgriff landete ich beim Südfunk Stuttgart und Bild München. Was ich in dem TV-Turm in der schwäbischen Hauptstadt lernte, war wegweisend: Fußballberichte vom VFB, zum Beispiel die Hoeneß-Brüder Uli und Dieter in Vereinen gegeneinander, oder Aktuelles mit dem so kollegialen Jochen Hoyer und Ausflüge in die Besenwirtschaften der Region. Ich erinnere mich genau, wie ich nach Ende mein kleines Zimmer in der Stadt auflöste und alles, was ich hatte, in einem Koffer Platz fand. Ein wenig Bescheidenheit hätte auch später nicht geschadet.

Auch das zweite Praktikum bei Bild München – speziell bei Gaby Bacher, der Society-Kolumnistin, und beim Sportchef Herbert Jung – macht mich heute noch dankbar. Für eine Reportage fuhr ich zu den Winterspielen nach Innsbruck und entdeckte Silvia Sommerlath, belagert, seit sie in München mit dem Kronprinzen von Schweden entdeckt worden war. Sie ging bewundernswert mit dieser neuen Rolle um. Ich sprach sie auf ihn an, und wie immer schwieg sie diskret, lächelte aber vielsagend. Da wusste ich: Der Boulevard war meine Leidenschaft, am besten zu verwirklichen bei der Tageszeitung. So bewarb ich mich als Volontärin bei der Münchner Abendzeitung und wurde genommen, damals das höchste der Gefühle für einen angehenden Journalisten.

Fürs Privatleben blieb wenig Zeit. Harmlose Flirts mit Kollegen dominierten. Bis ich auf einem Fest in Frankreich einen badischen Kunstgeschichtler kennenlernte und mich heillos verliebte. Aber ich war nicht die Einzige, die ihn umwerfend fand, wie sich bald herausstellte. Um ihn in Freiburg zu sehen, nahm ich mühsame Zugreisen auf mich; wenn er mich in München besuchte, gingen wir viel ins Theater. Ich versäumte kaum ein Stück – Theater als ernster Gegenpol zur Oberfläche des Boulevardjournalismus. München in all seinen barocken und interessanten Facetten gefiel mir immer mehr, die Journalistenschule hatte uns die Stadt und Bayern mit all ihren Themen wie einen Teppich ausgebreitet.

Aber nicht alles war heile Welt: Die Politik bereitete sich auf den Deutschen Herbst vor, und ich bekam einmal die gefährliche Lage hautnah zu spüren. Mit meinem Freund, der mich jedes Werk der Kunstgeschichte per Postkarte abfragte, wollte ich den Isenheimer Altar in Colmar inspizieren. Auf halbem Weg von Freiburg machte uns die Grenzpolizei in Breisach einen Strich durch die Rechnung. Als gelegentlicher U-Bahn-Schwarzfahrer (ja wirklich, es gab den Ausdruck: Mehrfachtäter) war ich im Computer gelistet und wurde abgeführt wie eine Verbrecherin. Eine Nacht musste ich auf dem Strohsack verbringen, die Kaution über 1000 D-Mark war für zwei Studenten so schnell nicht aufzutreiben, erst am Morgen war ich wieder frei. Warum alle so übersensibilisiert waren? Nach seiner gewaltsamen Entführung vermutete man Hanns Martin Schleyer im Elsass versteckt, die Nerven aller lagen blank. Ich habe daraus gelernt: Nie mehr bin ich ohne Fahrschein in eine Tram oder U-Bahn gestiegen. Und ich habe mich ab sofort mehr mit Politik beschäftigt, was bisher immer zu kurz kam. Später, als ich die Witwe Herrhausen und die Ponto-Tochter kennenlernte, war ich fassungslos über so viel Schmerz.

München leuchtete: meine *Zeit* bei der *Münchner Abendzeitung* *1976* bis *1999*

Oft verklärt sich bekanntlich die Erinnerung an frühere Zeiten – darin bin ich auch zweifelsohne Weltmeister –, aber es war wirklich so: eine flirrende, fruchtbare, fantastische Zeit. Die Münchner Abendzeitung, damals ein Kultblatt mit hoher Auflage und einem Redaktionshaus, das noch stolz mitten im Zentrum der Stadt lag, stellte mich '76 nach der Probezeit fest an. Der erste Tag an der Sendlinger Straße, in Jeans und Sweatshirt, war aufregend und lang, die Kollegen an den Adler-Schreibmaschinen im Großraumbüro behandelten mich so, als wäre ich schon immer da gewesen. Es roch nach Zigaretten, weil damals noch jeder Zweite rauchte, nach Druckerschwärze und Durchschlagpapier. Nichts Künstliches, kein überflüssiges Wort, sondern geschäftiges Arbeiten – das gefiel mir. Brüllend laut war es, wenn alle 25 Telefone klingelten. Die Geschichten und Sympathien flogen einem förmlich zu. Ich war 27, fühlte mich sehr jung und war neugierig auf Menschen. Neugier ist überhaupt das A und O für diesen Beruf – und ohne Lust auf Menschen sollte man den Griffel gleich wieder einstecken. In der Journalistenschule hatten meine Freunde gelästert, ich solle zu Westermanns Monatshefte, weil man da viel Zeit hat. Ich hatte bei den Proben immer als Letzte abgegeben, aber jetzt: von wegen! Schnelligkeit war nun gefordert. Meine Freundin Fatima Igramhan, eine spätere SZ-Redakteurin und ich waren die Einzigen, die bei einer Tageszeitung gelandet waren. Doch hieß Fatima, die heute in New York als Reiseautorin lebt, nicht lange so. Nach dem hochgepuschten Sexualmord an einer Frau gleichen Vornamens musste sie sich laut Chefredaktion in Tina Gramer umbenennen. Auch trafen wir eine weitere Absolventin immer wieder: Daniela Philippi wurde Pressesprecherin von Bayerns Ministerpräsidenten, was uns so manche Wege mitunter erleichterte, weil sie sehr kooperativ war. Wir Anfänger im Großraum der Lokalredaktion kümmerten uns um alles, was die wunderbare Stadt hergab: Schwimmbadtemperaturen, Elefantentaufen im Zoo, Lesungen in der Seidlvilla oder in Buchhandlungen, Spielplatz- oder Stadtteilfeste, Demos, Kleinkunsttheater, Fensterstürze, Zugunglücke und Unruhen. Ich war fasziniert von den Münchner und bayerischen Themen, auf die wir bereits in der Journalistenschule vorbereitet wurden, und spürte dem berühmten „Mir san mir"-Gefühl nach, das so viel heißt wie „Wir sind stolz drauf, Bayern zu sein". Spannend, die Menschen kennenzulernen, die so hießen wie ihre Unternehmen oder ganze Bundesländer: Bayern, Sixt, Hugendubel, Bernheimer, Käfer, Inselkammer, Schottenhamel, Siemens, Berger, Bogner. Alles mehr oder weniger diskrete Leute, die nicht auf jede Telefonzelleneröffnung gingen und eher im Hintergrund wirkten. Ich lernte, dass die Namen, die man nicht weiter erklären muss, die wahren Prominenten sind und die anderen eher Mitläufer. Lernte, dass ein wirklich Prominenter von weit mehr Menschen gekannt wird, als er selbst kennt. Mich bereicherten die Gespräche mit Curd Jürgens in seiner holzgetäfelten Suite im Hotel Bayerischer Hof, mit dem wunderbaren Mario Adorf auf vielen Filmbällen oder mit Gert Fröbe, der mir schwungvoll sein Buch *Auf ein Neues, sagte er …* signierte. C-Promis waren noch so gut wie nicht existent. Die Grenzen sollten später eher verfließen, ja, sich sogar grundlegend ändern.

Der Zeitgeist weltweit?

Die 80er-Jahre wurden das Lieblingsjahrzehnt der Deutschen. Laut Diego Maradona war bei einer Fußball-WM die „Hand Gottes" im Spiel, und dank Boris Becker und Steffi Graf entdeckten die Deutschen den Tennissport für sich. Viele große Popstars hießen kurz und knapp wie Nena, Prince und Falco. Nach der Ikone Twiggy regierte die Girliemode, man tanzte zur Musik von Michael Jackson, den Stones, den Bee Gees und den Pet Shop Boys. Angebunden war man nur mit dem Festnetztelefon. Rückblickend war das vielleicht umständlich, aber man hat sich mehr fokussiert, hat zwangsläufig mehr nachgedacht. Was sich heute per Google in Sekundenschnelle abfragen lässt, bestellte ich damals im Archiv. Gespannt war ich, wenn ich im Hängeordner gezielt nach einer Person, einem Bauwerk oder einem politischen Ereignis blättern konnte. Die deutsche Wiedervereinigung mit den unvergessenen Worten Hans-Dietrich Genschers vor der Botschaft in Prag trieb uns '89 die Tränen in die Augen. Die Intrigenserien *Dallas*, *Der Denver-Clan* und *Das Erbe der Guldenburgs* bannten uns vor die Bildschirme, *E.T. – Der Außerirdische*, *Dirty Dancing*, *Star Wars*, *Top Gun* und *Terminator* waren die Filmhits. Die Society entdeckte Ibiza und Last-minute-Urlaube. Doch die Jahre '80 bis '89 waren auch ernst – mit der Angst vor dem Atomtod, der Reaktorkatastrophe von Tschernobyl, dem Waldsterben und der damals neuen Seuche Aids. Und in München löste die Arbeit *zeige deine Wunde* von Joseph Beuys einen Kulturkampf aus – und eine Katharsis: Eine einzige Arbeit veränderte die Grundsituation der Museen, und die Städtische Galerie im Lenbachhaus konnte künftig ohne Einschränkung internationale Kunst zeigen. „Das war bahnbrechend", wie sich Beuys- und Warhol-Galerist Bernd Klüser erinnert.

In der Redaktion war es die Ära der Serien (über Nachtlokale, über Schauspieler, Politiker) und eigener Geschichten. Großer Meister darin war der Lokalchef Ernst Fischer, der vor Ideen sprühte: „Findet mir Münchner, die so heißen wie Straßen", sagte er, und ich wurde bei von Miller, Montgelas, Wittelsbach, Poschinger, Feilitzsch, Possart, Pocci etc. fündig. Oder er ließ mich alle Darsteller des berühmten Kobell-Stücks *Der Brandner Kaspar* besuchen, das damals nonstop im Cuvilliéstheater ausverkauft war: Gustl Bayrhammer, Toni Berger, Heino Hallhuber, Max Grießer, Fritz Strassner, Gerd Anthoff – allesamt echte, unverfälschte Typen mit Megatalent und großer Seele, und jedes Gespräch ein Geschenk. In allen anderen Filmländern wären sie größte Kinohelden geworden. Originale im Stil von Pierre Richard, Jean-Paul Belmondo oder Bud Spencer.

Jeder Tag war eine neue Herausforderung, ständig lernten wir etwas Neues dazu. Das Credo der Tageszeitung hieß damals: „Die Mischung muss stimmen, und die Leute müssen stolz drauf sein, in München zu wohnen. Nur Negativmeldungen wie Mietwucher, Baustellen, Überfälle und Morde stimmen den Leser ärgerlich. Etwas zum Schmunzeln muss jeden Tag drin sein, wie in einer Wundertüte."

Auch die Briefaktion, bei der wir Uli Hoeneß oder dem Herzog von Bayern schlicht nach München und ohne Straßennamen schrieben, fiel unter die Spaßrubrik (alle sechs Briefe kamen an). Man hatte sehr viel mehr Humor in diesem Job. Man agierte und inszenierte, während man heute fast nur noch auf Geschehnisse reagiert.

Die Jahre bei der AZ waren wie eine kostenlose Stadtbesichtigung. Bei Terminen taten sich die schönsten Locations auf, und ich bin sehr dankbar, sie alle kennengelernt zu haben: Das reich geschmückte Antiquarium der Residenz, ab 1568 für die herzogliche Antikensammlung errichtet und mit 69 Metern Länge der größte Renaissancesaal nördlich der Alpen, war Schauplatz feinster Dinner bei Staatsbesuchen von Prinz Charles bis zum König von Spanien; das mächtige Schloss Schleißheim der Kurfürsten, jährlich verwandelt in ein buntes Volksfest zum Sommerempfang; die Hotels der Stadt, allen voran der Bayerische Hof mit seinen schrägen Faschingsfesten; das Haus der Kunst mit der schwierigen Nazivergangenheit – ausgesucht zum Feiern für Kunstfeste und Filmpremieren; die Stuckvilla mit ihrem umwerfenden Jugendstilinterieur; die Praterinsel, für Künstler errichtet und traumhaft gelegen; Schloss Nymphenburg mit seiner Schönheitengalerie und den romantisch gelegenen Pavillons Badenburg und Amalienburg; das neugotische Rathaus, auf dessen Balkon wir viele FC-Bayern-Siege begossen; das Olympiastadion, in dem ich unzählige Konzerte und Fußballspiele in mich einsog; Dallmayr und das Käfer-Stammhaus in der Prinzregentenstraße, Objekt der Begierde nicht zuletzt für Zugereiste, die dazugehören wollen. Erst nach und nach öffnete sich für mich die barock-breite Fülle des bayrischen Lebens, ich war süchtig danach, alles kennenzulernen.

Der Society-Kolumnist hieß damals Michael Graeter, und weil auch er mitunter in den Urlaub ging, durfte ich ihn mit der Kollegin Lotte Holetz vertreten. Mit mir war er stets kollegial, merkte, dass ich auch eine Handvoll seiner Society-Klientel kannte. Zum Beispiel Johannes „Goldie" von Thurn und Taxis, bei dem ich, lange vor der Hochzeit mit Gloria, auf Wochenenden in Regensburg eingeladen war – und dem Diener treuherzig versichern musste, dass die zwei Stücke im Koffer tatsächlich alles sind, was ich mithabe. „Gibt's einen Knopf anzunähen oder einen Saum?", fragte der Livrierte, und ich ärgerte mich, dass ich nicht viel mehr reparierbedürftige Klamotten hineingestopft hatte. Oder den legendären Gastgeber Arndt von Bohlen und Halbach. Ein Freund hatte mich zum berühmten Adventssingen nach Schloss Blühnbach mitgenommen, und ich kam aus dem Staunen nicht heraus: Im Kerzenmeer und Tannenwald saß der leicht geschminkte Arndt, dank Schuhabsätzen größer getrimmt und umringt von Sängerknaben in Tracht. Seine Frau Hetty, Schwägerin von Sänger Heino, war eine super Gastgeberin, leider hat sie inzwischen nicht nur dieses Schloss, sondern auch die prachtvolle Villa in Marrakesch, ein Geschenk König Hassans II. an die Krupp-Familie, verkauft. Unvergessenes Bild.

Nur einmal ging mit Graeter der Gaul durch, und er schrieb von einer Gräfin Waldkraiburg, die von Prinz Charles abgeschleppt worden war. Der Hintergrund: Er hatte gehört, dass der Prinz von Wales beim Skifahren in Klosters meinen VW aus einer Schneewehe gestemmt hatte, natürlich mit seinen Bodyguards. Graeters Formulierung stimmte also irgendwie, aber hinterfotzig war sie trotzdem. Ich kannte Charles und Diana von gemeinsamen Freunden, und die Extravaganzen der Prinzessin waren in Klosters gefürchtet. „Sie ist sehr unberechenbar", hieß es. Ich konnte mich bei einem ihrer Wutanfälle selbst davon überzeugen. Aber bei der Nachricht ihres Unfalltodes – Fritz Egner bat mich dafür ins BR-Studio – habe auch ich sehr schlucken müssen. Ebenso entdeckte ich meine Freude an Stars, Filmbällen und Filmfesten, haute mir sogar Silvester die Nacht um die Ohren, um meinen Vor-Vorgänger Hannes Obermaier an Neujahr auf seinem legendären Treibjagd-Ball im Bayerischen Hof zu besuchen. Im La Cave, für das es in der Maximilianstraße geheimnisvoll in den dunklen, kerzenerleuchteten Keller ging, spürte ich Helmut Dietl mit seiner damaligen Frau Barbara Valentin sowie den legendären Nachtclubkönig James Graser und andere Größen feiernd auf. Es war genau das Gegenteil des ruhig-behäbigen Allgäus. Mecky Yorck, damals die Perle an der Bar und inzwischen verheiratet mit Drummer Pete Yorck, erinnert sich enthusiastisch an diese Zeit: „Alles war leichter und fröhlicher damals, Gäste wie Gunter Sachs, David Niven, Michael Pfleghar und Iris Berben kamen gern in den Privatclub von Eberhard Rüsch. Auch Uschi Obermaier und Mick Jagger waren hier, wir feierten Kostümfeste à la Asterix und Obelix, es war ein leben und leben lassen, wie es das heute wohl gar nicht mehr gibt. Und tagsüber traf man sich mit Poldi Bayern zum Fußball, oder wir lagen im Ungererbad in der Sonne." Klingt unbeschwerter als heute. „Man dachte eher selten an morgen", so Mecky. Der erste Kolumnist der Nation, Hannes Obermaier, der sein Leben in einem inzwischen leider vergriffenen Buch *Hunter's Treibjagd* verewigte, prophezeite schon vor meiner Zeit: „Ich sehe, auch aus Kostengründen, ein ziemlich abruptes Ende der täglichen Kolumnen voraus. Der Zeitgeist ist dagegen. Es fehlen die Stars, und es fehlt die Society. Feste im großen Stil werden kaum mehr abgehalten. Wenn nicht ein neuer Trend das gesellschaftliche Leben wieder aufleben lässt, dann dürfte die Kolumnisterei in zwei bis drei Jahren tot sein." 1975 schrieb Hunter diese resignierten Zeilen, ich kann sie jedoch nicht teilen, da ich immerhin noch 25 Goldjahre erlebt habe.

Das Leben und Lieben der Anderen

1985 verabschiedete sich Graeter zu Bild, die ihm ein horrendes Salair bot, und Lotte Holetz und ich übernahmen. Getrieben von der Terminflut beobachtete ich andere Getriebene. Was treibt die Menschen an, jeden Abend auszugehen, was ist ihr Motor? Vor lauter Gier, gesehen zu werden, sahen viele nichts mehr, und zuhören war auch eher eine Seltenheit. Man hört nur, was man hören will. Das waren für mich auch spannende Geschichten. Wie poetisch dagegen war das jährliche Zirkusfest *Stars in der Manege*, bei dem ich bald die Freude hatte, Prominente zu betreuen: Curd Jürgens als Zirkusdirektor, der geniale Rainer Werner Fassbinder als Dompteur (ja, wirklich!) mit Hanna Schygulla als zu Zähmende, Klaus Maria Brandauer,

Mireille Mathieu, Heino Ferch und Uschi Glas, seit dem May-Spils-Film *Zur Sache Schätzchen* ein Kultstar. Leider ist dieses wunderbare Spektakel passé, bei dem sich Sänger und Schauspieler verzaubern oder in schwindelerregende Höhen stemmen ließen. Auf den Duft nach Sägespänen und Popcorn sowie das Staunen und Atemanhalten war ich geradezu süchtig. Wohl keiner dieser Hobbyartisten würde heute ohne Gage wochenlange Proben durchstehen. Den Erlös an bedürftige Journalisten in einem Domizil der Werner-Friedmann-Stiftung würde vermutlich auch niemand mehr akzeptieren. „Da landen wir auch mal", war stets unsere Ansage, als wir nach der Party erschöpft und glücklich in die Sternennacht aufbrachen – bezaubert von dieser Art Zirkus.

Goldene Zeiten für einen Leutebeobachter. Es war nun doch mal ausnahmsweise ein Vorteil, früh geboren zu sein. Die Gräfin ließ ich gern untern Tisch fallen, das hätte nicht zur Abendzeitung gepasst. Ein nett gemeintes Buchangebot von Verleger Rolf Schulz über Manieren sagte ich dann auch deshalb ab, auf keinen Fall wollte ich als adliger Knigge durchgehen nach dem Motto: „Schau doch mal bei der Waldburg nach, wie man die Messer legt …" Mich lockte eher das Wilde, Unbekannte, nicht Einschätzbare. All das, was ich nicht kannte. Es war die Ära der Skandale, Überraschungen und wilden Feste. München war der Nabel der Welt und Berlins Bedeutung durch die Mauer noch null existent. Jede Nacht war damals swinging überraschend, die 70er und 80er die kreativste Zeit der inzwischen etwas verschlafeneren Stadt. Die Rolling Stones mit ihrem gefährlich attraktiven Mick Jagger nahmen Musik in den Bogenhausener Musicland-Studios auf – und wir schlichen uns spielend in den Keller des Arabella-Hochhauses ein. Harold Faltermeyer spielte mit Giorgio Moroder, der hier wiederum seine Hits für *American Gigolo* und *Top Gun* komponierte, Eberhard Schoener arbeitete mit Sting und The Police, alle Großen der Musikgeschichte wie Donna Summer, Led Zeppelin pilgerten ins Millionendorf München. Hitmacher Ralph Siegel feierte seine Siege mit Silver Convention überbordend am Pool des Hilton-Hotels am Englischen Garten, während Dschinghis Khan mit

Zugpferd Leslie Mandoki in Wasserspielen planschte. Freddie Mercury tanzte (oft mit Mutter Courage Barbara Valentin) im Hendersen, dem heutigen Paradiso im Gärtnerplatzviertel, Prince kam auf Einladung von Gloria von Thurn und Taxis ins P1. Er war menschenscheu wie ein Reh: Seine sehnsuchtsvollen, leicht geschminkten Augen faszinierten nicht nur mich in der kleinen Runde. Claudius Seidl beschreibt das Phänomen des Nachtlokals im Haus der Kunst, das zu der Zeit so was wie eine Fata Morgana war. Jeder wollte rein, koste es, was es wolle: „Es war die musikalische Glanzzeit Münchens, aus dieser Zeit stammt auch der Begriff Türsteher, es gab ihn im P1, im Sugar Shack, im Eastside von Sergio Cosmai, und es war die totale Willkürherrschaft. Ob am Bauzaun in Brokdorf oder am Türsteher vorbei: Es ging drum, eine Barriere zu überwinden, man wollte unbedingt da rein." Im Schwabinger Keller-lokal Big Apple rockten der damalige Schauspieler und heutige Star-fotograf Roger Fritz sowie Klaus Lemke zu Lady Bump ab, danach zog man gern noch ins Capri oder in die Klappe. Wie Helmut Dietl zeichnete Lemke mit seinen Filmen *Arabische Nächte*, *Rocker* und *Amore* mit Cleo Kretschmer, Wolfgang Fierek und dem Szenewirt Pietro Giardini das Münchner Lebensgefühl und Laisser-faire malerisch nach.

Musikgrößen kamen in Scharen ins kleine München, ich verpasste kaum ein Rockkonzert. Supertramp, dreimal ensuite im Circus Krone, Meat Loaf, Michael Jackson, Bruce Springsteen, Rod Stewart, Angelo Branduardi, dessen Musik so happy stimmte, The Who, die am liebsten im Andechser am Dom feierten. Mein Glück war, dass es zu dieser Zeit kaum schreibende weibliche Konkurrenz gab. Dass mich die Impresarios mit in die Katakomben des Olympia-geländes nahmen – wahre Spielwiesen waren hier aufgebaut, am luxuriösesten war's für die Stones –, machte mir die Nähe zu den Stars noch einfacher. Hier und da ein Groupie, nur Leonard Cohen, für mich der Größte von allen, verbat sich etwaige Anmachspielchen. Und ich lernte, dass Rock 'n' Roller, von Peter Maffay bis Bryan Adams, meist total charismatische und unkomplizierte Typen sind. Und dass überhaupt die ganz Großen die kleinsten Starallüren haben. Den Wind macht erfahrungsgemäß nur die Entourage. Pirouetten auf rotem Teppich drehten nur Moderatorinnen, Ex-Frauen oder Sternchen in Warteschleife, in der Hoffnung, entdeckt zu werden. Die Kreativen, die bereichern und mitreißen, haben mich immer am meisten interessiert.

Lang herumtelefonieren musste man nicht in dieser fruchtbaren Zeit. Ein Besuch bei den Starcoiffeuren Gerhard Meir, Arnoldy & Traub sowie Ulrich Graf oder in den Schwabinger Boutiquen wie Sweetheart, bei Gabriele Blachnik oder Manfred Schneider – und man erfuhr mit einem Blick, was ansteht. Thomas Kemper, damals Youngster bei Coiffeur Meir und heute mit eigenem Salon erfolgreich, sagt: „Für mich als Bub von einem Dorf aus Westfalen war es unglaublich, was da in München abging, dieser Salon war der Wahnsinn." Abendkleider verrieten ein Fest bei Gunter Sachs, Brautroben eine bevorstehende Hochzeit, und mit Glück fiel man direkt in Deep Purple, die sich bei Lord John & Lady Jane, der Popboutique schlechthin, glitzernd einkleideten. Das Designerpaar Inge und Günter Draetzel traf mit ihren Overalls, schultergepolsterten Blumenanzügen, Samtjeans und Seidenvolantblusen genau den Nerv der Zeit. Und beim Kopfwaschen im Meir-Salon, wo sich jede Unternehmerfrau unterm nackten Riesenfaun aus Stein sexy angeprickelt fühlte, machten sich die Ladys auch über ihre Ehen, Skandale, Träume und Sehnsüchte Luft. Wenn die Föhne auf Hochtouren liefen, plauderten sie besonders laut. Meir nostalgisch über diese Zeit: „Es war eine andere Gesellschaft, und der Gesellschaftsreporter spielte in einer anderen Liga. Heute gibt's ihn gar nicht mehr, der Vorhang zwischen Beobachter und Star ist dicker geworden." Er weiß, wovon er spricht, Anfang der 80er-Jahre erlebte auch er einen Umbruch: Friseure und Schneider rückten plötzlich in die First Row der Gesellschaft auf, waren überall willkommen. Standesdünkel war passé. Meir wurde best friend von Gloria, noch heute ist er in Regensburg zu Gast. Treue, wie sie Gloria pflegt, ist nicht gerade ein Gütezeichen dieser Gesellschaft.

Auch Wirte wurden Geheimnisträger – die manchmal plauderten. Als wahre Schatzkiste für Infos entpuppte sich der Franziskaner und der legendäre Stehimbiss von Rosario Liberatore in der Amalienpassage:

Man traf dort Gerhard Polt, Hanns Christian Müller, Gisela Schneeberger, Mario Adorf und Otti Fischer, der meinen Kindern später gern was vorpfiff, mit Vorliebe den Zeisig und den Spatz. Rosario und ich hatten am gleichen Tag Geburtstag, und das Zusammenlegen in seiner kleinen Italoklitsche endete fatal: Zwei Gäste fielen in Ohnmacht, und das Glas ließ sich nur hoch überm Kopf balancieren. Er hatte einfach viermal so viele Leute eingeladen wie ich …

Seide und Halbseide lagen dicht beieinander, heute allerdings noch mehr. Schauspielerin Ingrid van Bergen erschoss aus Eifersucht ihren Geliebten Klaus Knaths, den ich oft mit ihr auf Premieren oder Partys gesehen hatte; Konsul Hans-Hermann Weyer, der mit Grafen- und anderen Titeln ein Vermögen gemacht hatte, wurde aus dem Knast Stadelheim, im Volksmund genannt St. Adelheim, entlassen, ein guter Moment für eine Reportage. Diese Aufgabe fiel mir zu, ich fuhr ihn nach Hause, was meiner lieben Mutter nicht passte, weil sie schillernde Menschen partout nicht mochte. Den Schriftsteller Gregor von Rezzori, den ich zuweilen in der Schwabinger Wohnung seiner Frau traf – das Paar ließ sich bei seinen Liebschaften bewunderns-wert gegenseitig in Ruhe –, prägte in dieser Zeit das Wort „Schickeria", was sich von chic und schickern (jiddisch für trinken) ableitete. Die Spider Murphy Gang und Rainhard Fendrich machten Musikhits draus, und Dietl gab dem Kleberfabrikanten Heinrich Haffenloher in *Kir Royal* ein Schickigesicht. Dennoch fallen mir nur eine Hand-voll „Mehrscheiner" ein, die der Society in Trittbrettmanier auf den Fersen waren, auch heute gibt es noch ein paar vereinzelte Schicki-mickis: Ex-Schauspielerinnengefährten, DJanes oder Ex-Fußballer-gattinnen, am besten im H'ugo's anzutreffen, wo man fehl am Platz ist, wenn man nicht glitzernd oder laut daherkommt. Die Mixtur: Parfüm-wolken in der Luft, Mammutkübel mit Champagner-Methusalems, sehr blonde und sehr restaurierte Damen, Männer auf Beutezug.

Unterschiedlicher könnte der Zeitgeist für Lokale zwischen heute und damals kaum sein. Was war das für eine Revolution, als Bau-unternehmer Fritz Eichbauer 1974 das Tantris eröffnete und die Nouvelle Cuisine im Land der Schweinebraten und Knödel inszenierte.

Das „hübscheste Stück Feuerwehrhaus", wie es ein US-Architekt nannte, wurde genauso ein Hotspot (längst hatte Hans Haas sich den dritten Michelin-Stern verdient!) wie das plüschige Trader Vic's im Keller des Bayerischen Hofs: Polynesien mitten in München, Mai Tai und sündiges Licht. Kein Wunder, dass dieses sinnenfreudige Lokal viele Liebespaare oder Rockstars, von Carlos Santana bis Phil Collins, anpeilten. Alles war aus dem Vollen, daraus zu schöpfen war sinnlich und gewaltig.

Von Star bis Titelhändler, die Palette Münchens schien geradezu überbordend, und jeden Tag galt es was Neues zu entdecken. Das Reporterleben raste dahin wie ein Schnellzug, ohne Halt und ohne Schranken. Oft war es wie ein drogenartiger Rausch. Die vielen Einladungen verführten, manchmal waren es bis zu sechs an einem Abend. Sehr aufpassen musste man, dass es mitunter Zäsuren gab, der Zug zum Halten kam. Oder nicht im dunklen Tunnel verschwand … Und vor allem: Vorsicht vor Schmeichlern und Forderern war angesagt. Wenn jemand zur Begrüßung schon sagte: „Schön, dass du da bist, jetzt erst ist unser Abend perfekt", fand ich das stets übertrieben, und Menschen, die mich schon morgens aus dem Bett telefonierten, weil sie in der neuesten Ausgabe durchs Namensraster gefallen waren, wurden mir bald lästig. Davon gab es viele, ein besonders Hartnäckiger erarbeitete sich sogar den Spitznamen „Der mit dem Buffet mitgeliefert wird".

Was verbirgt sich hinter der Sehnsucht der Menschen nach News und Klatsch, heute wie damals? Die Fama, das Gerücht, das on-dit, der Gossip, so alt wie die Menschheit. Klatsch, der Männer und Frauen gleichermaßen interessiert, dient der sozialen Kontrolle und ist eine Möglichkeit der Identifikation. Es ist tröstlich, wenn der reiche und berühmte Held einmal versagt oder an Attraktivität einbüßt. Dann ist er einer von uns. „Der König ist oben, bis aus Bewunderung Mitleid wird, dann ist er zum Absturz frei", sagt Konstantin Wecker in seinem Buch *Der Klang der ungespielten Töne*. Gerade erst habe ich den Liedermacher im Münchner Gärtnerplatztheater mit diesen wunderbaren Texten erlebt. Leise ist der Rebell geworden, weise und leise. 70 halt.

Auch Freude und Trauer wechselten sich schnell ab: Wie war ich stolz, bei Glorias Hochzeit mit Johannes Fürst von Thurn und Taxis eingeladen zu sein. Die wilde junge Gräfin Gloria und einer der begehrtesten Junggesellen Deutschlands. Nur auf den ersten Blick ein ungleiches Paar, ihr Humor und ihre Lebensansichten hatten viele Parallelen. Das Jawort – er in roter Malteseruniform und sie im Spitzenkleid von Valentino – brachte Europas Who is Who in den Regensburger Dom und zum Fest ins Schloss St. Emmeram, das mit 400 Zimmern größer als der Buckingham Palace ist: Die Clans von Flick, Sachs, Henkel, Agnelli, Fürstenberg etc., Diademe und Colliers funkelten nur so vor Karätern, und für die drei Tage war Groß-garderobe angesagt. Wie gut, dass ich sie mir damals ausleihen konnte. Und wie gut, dass man noch über Privatfeste schreiben durfte, wenn man das Vertrauen der Gastgeber besaß. Heute ist das im Zuge von Neid und Angst fast ausgeschlossen. Ich hatte meinen Spaß und die Zeitung schließlich auch etwas davon. Schon damals wusste ich genau: Die Zuneigung und Gunst der Menschen gilt nicht mir, sondern dem Medium. Das sollte, damals wie heute, keiner vergessen.

Oft sollte ich noch Zeuge sein, wie sich „G & G" aus Regensburg ständig anfrozzelten. „Ich glaube, meine Frau hat ein Vogelnest auf dem Kopf", lästerte Goldie angesichts ihrer turmhohen Frisur nach ein paar Ehejahren bei der Hochzeit seiner Schwägerin Maya von Schönburg-Glauchau mit Friedrich Christian (Mick) Flick in der Salzburger Bischofsresidenz. Ein Megafest so wie die Hochzeit von Gunters Sohn Rolf Sachs mit der persischen Autorin Maryam Banihashem in Schloss Schleißheim. An prunkvollen Locations, die zu mieten waren, mangelte es in diesen fetten Jahren nicht, und Gerd Käfer, der Feinkostkönig, war ein Meister im Suchen und Finden.

Lachen und Weinen lagen dicht beieinander. Kaum erholt von Festen dieser Art kämpfte ich mit den Tränen angesichts des todkranken Bob Marley. Beim berühmten Krebsspezialisten Issels am Tegernsee wollte er geheilt werden. Und da wir nicht wussten, wann er mal für einen Spaziergang die Klinik verlässt, verschanzten wir uns wie in *Kir Royal* im Schnee. Das Bild – der freudebringende Reggaesänger so gramgebeugt und stapfend durch die Winterlandschaft – wie auch seine Worte „Jeden Tag hoffe ich aufs Neue, dass es aufwärtsgeht" – werde ich nie vergessen. Und als ich Jahre später an seinem mit Silberpapier übersäten Grabmal in Jamaika innehielt, erzählte ich es ihm – und meinen staunenden Kindern.

Die AZ als Sprungbrett

Viele, die wir damals klappernd an der Adler-Schreibmaschine im Großraumbüro saßen, sahen die AZ als Rampe und Sprungbrett: weiter zum Stern, zu Unternehmen, zum Fernsehen, zum Film. Helmut Fischer, wenig später legendär als „Monaco Franze", schrieb für wenig Geld kleine Film- und Theaterkritiken; Vivian Naefe, spätere Erfolgsregisseurin, interviewte Stars; Frank Plasberg war damals schon hart, aber fair; Andreas Petzold und Tyll Schönemann gingen zu Gruner & Jahr; Rudi Schröck und Ulrike Reisch, die sich am Redaktionstisch kennenlernten, später zur Funke Mediengruppe wechselten und nach wie vor wichtige Freunde für mich sind; Hans-Peter Junker (Stern, View, Gala), nach wie vor bester und verlässlicher Freund; Maria von Welser, die als Modechefin über Rocksäume schrieb und dann mit der Sendung *ML Mona Lisa* für die Frauen Pionierarbeit leistete; Elke Reichart, die sich beim Interview ad hoc in Deutschlands berühmtesten Herzverpflanzer Bruno Reichart verliebte – und Claus Strunz. Dem spielten wir einmal übel mit: Er ärgerte sich wirklich grün und blau, als einer von uns abends heimlich das Impressum veränderte und die Zeitung eines Tages mit dem Eintrag „Claus Strunzdumm" erschien. Nie kam raus, wer es war, weil wir alle eisern zusammenhielten.

Das überhaupt war das Credo dieser unwiederbringlichen Zeit: Keiner trickste den anderen aus. Oft übernahm ich Termine für den Sport oder fürs Feuilleton, wo ich am liebsten gelandet wäre: Mittagessen im Feinschmeckerlokal Boettners mit Federico Fellini (was für ein Erlebnis), Konzertkritik von Tina Turner oder ein Fest mit den drei

Superstars Liza Minnelli, Sammy Davis Jr. und Frank Sinatra im Seehaus im Englischen Garten. Das gefiel mir besonders, weil ich die einzige Journalistin war, die mit am Tisch des Hochkarätertrios saß. Wie alle Großen lobten sie sich nonstop gegenseitig, waren erschöpft und glücklich. Dann wieder kam ein Auftrag von der Sportredaktion: Er hieß, die Nervosität der Fußballspieler auf der Ersatzbank hautnah zu beschreiben.

Neid unter Kollegen gab es nicht, abends wollte keiner wirklich vor die Tür, außer natürlich die Theater- und Opernkritiker wie Ingrid Seidenfaden oder Kunstzampano Wolfgang Christlieb. Die traf ich zuweilen nachts in der menschenleeren Redaktion, wo nur noch der Portier wachte. Christlieb, der mich scherzhaft „wandelnde Verführung" nannte, trug oft schwer an seiner Aktentasche, die er regelmäßig mit Würsten vom Galerienbuffet vollstopfte. Es waren ja schließlich harte Zeiten.

Meine Chefs kannten mein Abendprogramm und unterstützten mich dabei. Nur: Ausschlafen, das war auch für Nachtschwärmer nicht erlaubt. Punkt neun auf der Matte bitte. Auch wenn man bis fünf Uhr früh durchgetanzt hatte. Nach langen Nächten war man redseliger und musste aufpassen, dass man in Konferenzen nicht zu viel erzählte. „Das schreibst aber jetzt", forderte Ernst Fischer streng, wenn ich Zeuge von Abstürzen und Porzellanscherben mancher Promis geworden war. Der relativ kurze U-Bahn-Weg von der Universität bis zum Marienplatz half mir dabei, Schlag neun einzutrudeln. Auf dem Rückweg zur Schwabinger Blütenstraße, wo ich die ersten Jahre in einer schönen Altbauwohnung verlebte, konnte ich dafür mit einem Umweg über Rosarios Bar entsprechend trödeln. Meine Vermieterin Maria Drax war eine ganz Besondere. Oft brachte sie Kuchen oder lud die Kinder in ihre Wohnung gegenüber ein, eine Dame, wie man ihr heute wohl nur noch selten begegnet. Ein Auto besaß ich nicht, das wäre mit der Parkplatzsuche im Schwabing der wilden Ära auch völlig sinnlos gewesen.

Die Zeit der Exklusivgeschichten forderte natürlich ebenso einen Fotografen des Vertrauens, und auch da hatte ich viel Glück: Er sieht was,

was ich nicht sehe, oder umgekehrt. Nur im Duo waren wir stark. Franz Hug hatte ein Archiv, um das er von ganz Deutschland beneidet wurde, auch Günther Reisp sowie Thomas Zwink, der heute ein preisgekröntes Restaurant, den Dorfwirt in Unterammergau, führt, und Guido Krzikowski waren fabelhafte Fotomeister und prima Kollegen – keiner trickste oder verkaufte seine Beute unter der Hand. Digitale Bilder waren noch in weiter Ferne. Wenn der Fotograf vom Termin in die Redaktion zurückkam, fuhr er in den siebten Stock, wo die Bilder in der Dunkelkammer nach traditioneller Fasson entwickelt und an der Wäscheleine zum Trocknen aufgehängt wurden. Es kam aber auch vor, dass er die Gesellschaft gar nicht verlassen konnte. Um Reisp gab es stets ein solches Geriss, dass ich froh war, wenn er mit mir wieder draußen war. „Kannst mir nicht die Nummer von dem geben, der ist so hübsch", flöteten die Society-Ladys. Nix da, an diesem Abend zumindest gehörte er mir. Nicht nur in solchen Situationen wurde offenbar, dass in München das Verhältnis Mann zu Frau etwa 1:3 betrug, Frauen auf der Suche waren an der Tagesordnung. Und wenn sie fündig wurden, zeigten sie sich massiv besitzergreifend.

Die Anfänge einer Society-Reporterin

Eigentlich wollte ich gar nicht unbedingt in diese Gesellschaftsecke, aber dann wurde es doch meine Leidenschaft. Weil es von allem etwas hat: vom Theater, vom Film, vom Feiern, von der Leidenschaft, der Musik und der weiten Welt, vom Lachen und vom Weinen. Wie man es anstellt, wenn man erst mal keinen kennt, wurde ich oft gefragt: „Ein bekanntes Gesicht anpeilen, sich zur Gruppe gesellen, zuhören und mitreden. Ein bisschen Insiderwissen über die Stars und Neugier auf Menschen sind dabei natürlich schon von Vorteil. Denn der Befragte spürt sofort, ob der Reporter wirklich interessiert ist oder nur so tut." Und voyeuristische Fragen, nach denen man möglicherweise gleich den Rücken des Gegenübers zugekehrt bekommt, sollte man vielleicht auch erst mal lassen oder später stellen. Bei Gelegenheit.

Das System Gesellschaft aus Kunst, Wirtschaft, Adel, Kultur und Mode in München funktionierte wie ein Schneeball, wie ein Spinnennetz. Einmal dabei und einigermaßen gut benommen, ging's spielerisch weiter. Ob Film-, Mode-, Kunst- oder Politbranche, von allen Seiten kam Sympathie. Nach Premieren im Gärtnerplatztheater lernte ich den Intendanten Hellmuth Matiasek und seine Frau Conny Froboess kennen, die ich schon so oft auf der Bühne bewundert hatte. Ihre Sonntagseinladungen auf dem ländlichen Gut mit Intellektuellen waren Balsam für die Seele. Etwas beklommen war ich nur angesichts des Schauspielers Manfred Zapatka, dem ich Jahre zuvor in meiner Stuttgarter Zeit nach einem Theaterstück einen leidenschaftlichen Brief geschrieben hatte. Sich schnell für jemanden zu begeistern, das war schon immer mein Problem, oder vielleicht auch meine Stärke. Verführen konnten nicht nur wunderbare Einladungen, Theater, Opern und Kleider, sondern eben auch herausragende Talente. Menschen, die so fürs Theater brennen wie die Froboess, scheinen nicht zu altern, dabei sind die Ausflüge zu ihrem Landhaus 25 Jahre her. Wie ein junges Mädel in Jeans und Sneakers traf ich sie kürzlich im Gärtnerplatztheater nach ihrem Auftritt in *My Fair Lady*, jeden Abend umjubelt. Von der neuen Kultusministerin Marion Kiechle wurde „la Froboess" zur Kammerschauspielerin ernannt, was dem Intendanten Josef Köpplinger einen fröhlichen Umtrunk wert war.

Drogen, in dieser Zeit vielverbreitet, waren für mich kein wirkliches Thema, sofern man normale Zigaretten nicht dazuzählt. Nach einem Joint mit Filmern und einer Prise Koks mit Modeleuten hatte ich meine Erfahrungen ausgeschöpft. Es hatte gereicht, mich eineinhalb Tage nonstop durchlachen zu lassen, was zwar zwerchfellmäßig anstrengend, aber auch beruhigend war: Kommen doch, so sagt man, bei Drogen innere Einstellungen zutage, und da fand ich lachen dann doch verhältnismäßig besser als durchweinen, schreien oder gar Depressionen.

Was es sonst noch braucht für diesen wunderbaren Beruf? Kondition, Trinkfestigkeit, Diskretion (denn eine Geschichte muss auch mal reifen dürfen), Geduld (beim stundenlangen Warten oder wenn einem das Gegenüber sein ganzes Leben erzählt), Offenheit, Leichtigkeit (es lässt sich auch ohne Verbissenheit an einer Geschichte festbeißen), Glück, zum richtigen Zeitpunkt am richtigen Ort die richtigen Leute (und die am besten in guter Laune) zu treffen. Und, allen voran, Unvoreingenommenheit. Auch sogenannte schwarze Schafe wie Ernst August von Hannover, den ich schon lange kannte, kann man knacken. Vorurteile, Zynismus und Neid stoppen eher, als dass sie helfen. Wer in diesem Beruf Menschen trifft und charakterisiert, sollte sie lieben und vor allem: nie beneiden. Und man sollte stets wissen, dass in diesem Society-Reigen nichts Menschliches fremd ist: Trittbrettfahrer und Kreative, Schleimer und Intellektuelle, Schüchterne und Angeber, Verrückte und Spießer, Manager und Macher, die Mixtur brennt. Ein wenig verrückt sollte man wohl selbst dabei auch sein. Dreimal konnte ich nicht warten und bereue es bis heute: Mein Besuch bei der Ehefrau eines Erben, der entführt und noch nicht aufgefunden war, war rückblickend total daneben. Ebenso wie mein Anruf im Gefängnis von Aichach bei der „Messergräfin", die so hieß, weil sie einem entflammten Italiener im Garten ihres Schwabinger Hauses ein Messer in den Rücken gerammt hatte. Sie fühlte sich verraten, obwohl ich durchaus sensibel ihre Reue und Geschichte beschrieb. Und ein Jahr lang war mir Blacky Fuchsberger gram, weil ich seine privat ausgesprochene Sorge über seinen Sohn Tommy verraten hatte. Der Familienzwist wurde Schlagzeile. So wie das neue Herz von Johannes von Thurn und Taxis, das ich aus Klinikkreisen erfahren hatte. Beim Empfang in Großhadern auf einem nüchternen Klinikflur nach dem ersten gelungenen Eingriff herrschte noch durchaus Zuversicht, aber der Fürst überlebte die zweite OP nicht. Leider wurde ich, eigentlich schon eingeladen, von der Beerdigung ausgespart, und das, obwohl er mir noch kurz zuvor so nett und hoffnungsvoll vom Krankenbett aus geschrieben hatte. Gemeinsame Kinderfeste mit Schatzsuche auf seinem Schloss Garatshausen am Starnberger See spulten sich vor meinen Augen ab. Die Taufe der ältesten Tochter Maria Theresia, für die ich Glorias damals noch kleinen Bruder Alexander von Schönburg (heute Bild) als Reporter gewann – und das gigantische Nebelfest, das Gloria in Regensburg mit Gästen von Bryan Ferry über Boris Becker bis Bernd Eichinger gegeben hatte, erschien mir wie ein Film. Die von Keith Haring handsignierten Teller wurden dem Pop-Art-Artisten von gierigen Society-Ladys aus der Hand gerissen, als gäbe es kein Morgen. Goldie und Gloria, diese Ära war mit einem letzten Fest zu Ehren von Adnan Kashoggi vorbei. „Der Waffenhändler im Schloss" – schöne Zeile. Ich bewunderte die junge Witwe mit ihren drei Kindern, wie sie Wirtschaft studierte und das Erbe zusammenhielt, und staunte bei Auktionen über die gigantischen Silber- und Schmuckschätze, zu denen mich Sothebys-Graf Heinrich von Spreti einlud.

Bilder, die fürs Leben bleiben

Es war die Zeit der kreativen und inspirierenden Männer, die immer wieder auch als Versuchung daherkamen. Man „agierte" als Journalist, während man heute eher reagiert. Unvergessen die Schlange von aufgeregten Frauen vor dem In-Lokal Romagna Antica in der Schwabinger Elisabethstraße, nachdem die AZ mit mir zum Essen mit Monaco Franze aufgerufen hatte. Manche unkten, sie hätten bis zum Siegestor, also quasi acht Querstraßen, angestanden. Unvergessen das gschamige Gesicht von Helmut Fischer, der das Szenario eher leidend als glücklich überstand, weil er privat so ganz anders war als der Draufgänger Monaco Franze. Und unvergessen das entsetzte Gesicht der Wirte Romano Pandolfi und Fabrizio Cereghini, die die kreischende Meute einladen mussten. Helmut Dietl rieb sich ob der Werbung die Hände. Männer wie er bewegten München. Und sie wussten haargenau, wie sie verführen und ihre Interessen in den Medien lancieren können: „I sog dir, wann die G'schicht was bringt vor der Premiere. Zwei Wochen ist verpufft, zwei Tage genial." So war das auch, als ich ihm Veronica Ferres bei einem AZ-Fest vorstellte. „Dreh die doch mal um, die da hinten im grünen Kleid an der Bar, und hol sie an den Tisch. Mir fehlt für *Schtonk!* noch 'ne Kartoffelbäuerin."

Es war Ferres, die ich flüchtig als „Geierwally" kannte. Sie kam, sah und siegte – zweifach. Sie bekam die Rolle und den Platz in Helmuts Herz. Das aber musste akribisch auf die Tage vor der Premiere verteilt werden. Andere Leute waren da nicht so „berechnend": Als ich den „Baby Schimmerlos" Franz Xaver Kroetz mit Maria Schells Tochter Marie-Theres Relin in einer Talkshow beobachtete und sie nach ihrer Liebe fragte, waren sie sofort Feuer und Flamme, sprudelten über. Selten, dass es so passt wie hier. Aber rückblickend eben auch nicht für die Ewigkeit.

Wie und aus welchem Zufall sich Menschen begegnen, kennen und lieben lernen, fand ich immer schon spannend, das fände ich sogar ein Buch wert: Wäre man zu Hause geblieben und nicht auf den Event oder jene Party gegangen, wäre alles anders gewesen. Dietl–Ferres, Kroetz–Relin etc. Die Liebe. Eine Sekunde entscheidet da übers künftige Leben. So lernte beispielsweise eine sehr hübsche, aber beruflich bescheiden erfolgreiche Münchner Schauspielerin auf einem Flug in die USA einen steinreichen Unternehmer kennen. Man saß nebeneinander, der randvoll eingeschenkte Orangensaft schwappte über – und nach dem ersten Schrecken lachte man übers Malheur, kam sich beim Fleckwegputzen in Knienähe näher. Eine große Liebe wurde aus dem Zufall, gekrönt von sehr hübschen und musiktalentierten Kindern. Ich liebe solche Geschichten, und die Reihe lässt sich beliebig fortsetzen.

Zurück zu Dietl: Was war denn so besonders an diesem Romagna Antica? Nein, Helmuts Film *Rossini* im angesagten Münchner In-Italiener war keinesfalls überzeichnet, sondern genau auf den Punkt. Was für ein Gebalze, Schaulaufen, Beäugen war das jeden Abend. Wie scharf war auch die eher biedere Münchner Society danach, im Dunstkreis derer zu sitzen, die der Nabel der Welt zu sein schienen, zumindest diese florierenden, scheinglänzenden Jahre Mitte der 80er. Ein Schauspiel ohnegleichen rund um Bernd Eichinger und Helmut Dietl, eskortiert von Getreuen und einer auch stets wechselnden Entourage, die nur einmal dabeisitzen wollte am Puls des Lebens. Der Rotwein floss, und zwischen Fisch und Ossobuco wurden

Verträge ausgehandelt, Besetzungen aufgestellt und wieder verworfen, weibliche Neuzugänge genau taxiert. Genau wie im Film *Rossini*, wo alles darum kreist, wer welche Rolle spielt in dieser Stadt und ob und zu welchem Preis der scheue Autor Patrick Süskind seinen Jahrhundertbestseller *Das Parfüm* verkaufen und verfilmen lassen wird.

Ich erinnere mich an filmreife Szenen, in denen Trittbrettfahrer die Tische wie Hyänen umkreisen und dann doch energisch weggeschickt wurden. An gesetzte Gräfinnen, die Maestro Eichinger aufs Landschloss locken wollten, oder arbeitslose Schauspieler, die Dietl umgarnten. Ich selbst war fein raus, weil ich nicht buhlen musste. Wohl weil ich bei der Abendzeitung etwas bewirken konnte oder weil sie mich doch irgendwie nett fanden. Eichinger war stets der treuere der beiden Platzhirsche. „Einmal Freund, immer Freund" war seine Devise. Das lebte er. Wie freute er sich, als Barbara Rudnik und ich als AZ-Verkäuferinnen das Lokal betraten und mit der Schlagzeile zu seinem 50. Geburtstag winkten, Tränen standen ihm in den Augen. Für ihn hatte man gern in zwei Nächten das Extraheft gestemmt mit all den Fotos seiner Lieblingsfrauen, an der Spitze Tochter Nina. Oder von jetzt auf gleich den Koffer gepackt für eine Tour nach Brüssel, wo er einen europäischen Produzentenpreis gewann. Er, der Erfolgsverwöhnte, war gar nicht so selbstbewusst, wie er schien. „Bitte bleib da, ich kenne hier keinen", sagte er mal bei einer Bambi-Verleihung in Köln, die ich für die AZ beschrieb und bei der er selbst das Goldreh bekam. Dieses Schüchterne hinter der rauen Machofassade, das mochte ich sehr an ihm. Nur so einfühlsame Menschen können sich vorstellen, wie eine Verfilmung von *Das Geisterhaus*, *Das Parfüm* oder *Fräulein Smillas Gespür für Schnee* aussehen könnte. Seine Premierenfeste mit Stars von Meryl Streep bis Sean Connery in Zelten auf Münchner Wiesen oder im Haus der Kunst waren legendär. Und immer ergab sich auf seinen Premieren eine Geschichte: wie zum Beispiel die Liaison von Brad Pitt und Katja von Garnier, die ich nach der Premiere von *Sieben Jahre in Tibet* im Kölner Hotel am Wasserturm beobachtete und beschrieb. Die Deutsche und der Weltstar, ein Stoff zum Träumen.

Ich erinnere mich an Bernds Tränen der Wut beim Deutschen Filmpreis, als er Silber gewann, an seine Tränen der Trauer bei Barbara Rudniks Beisetzung, an sein schnelles Verzeihen, wenn man ihm unabsichtlich geschadet hatte. Immer die Hand ausgestreckt. Nie ein Blick zurück im Zorn, einmal Freund, immer Freund. Ich bewunderte seine Neugierde, seinen Mut, seine Treue (Assistentin Marianne Dennler hat er nie vergessen) und seinen Ideenreichtum. „Das ist für mich die fleißigste Journalistin", so stellte er mich stets jedem vor. Und ich weiß kaum einen anderen Prominenten, der Journalisten so fair gelten ließ wie er. Bernd schätzte, was andere arbeiteten, und war oft der Einzige, der einen was Persönliches fragte.

Es scheint, als seien die Originale der 70er-, 80er- und 90er-Jahre ausgestorben. Unvergessen auch der Ausflug mit Willy Bogner nach Las Vegas: Präsentation der „Siegfried & Roy"-Skikollektion inmitten der weißen Tiger auf der Bühne. Bogners Begeisterungsfähigkeit steckte an. Und weil man sich im Ausland stets mutiger und jünger fühlte, wedelte ich mit dem Mode- und Filmemacher am nächsten Tag die Berge bei Las Vegas runter. Pulverschnee neben Wüstensand. Bilder, die fürs Leben bleiben. Ein anderes Mal umkreisten wir mit Skiass Markus Wasmeier im Heli die Freiheitsstatue von New York, auch eine Bogner-Idee. Willys Energie und Freude steckten an. Und warfen mich einmal sprichwörtlich um: Als weiße Mäuse in Bogner-Anzügen verkleidet ließ er uns per Gondel auf den St. Moritzer Gletscher Corvatsch karren. Lauter weiße Mäuse für die Filmpremiere von *Fire and Ice*, der Gletscher als Leinwand. Der Höhenunterschied und die kalte Nachtluft ließen mich und einen Münchner Modeunternehmer, zack, in Ohnmacht fallen. Schade, so viel Fantasie hat heute wahrscheinlich keiner mehr aus dieser schnelllebigen Branche.

Längst erfüllen auch Frauen ihre Träume, damals waren eher Männer die Macher: etwa der Steirer Bodybuilder Arnold Schwarzenegger, der mich für eine Story auf den muskulösen Arm packte. Er ist geradezu ein Paradebeispiel, wie man als Steirer Bub in Hollywood eine Riesenkarriere machen kann. Oder der traumhafte Sir Peter Ustinov, mit dem ich beim Narrhalla-Ball im Hotel Bayerischer Hof tanzte und

gefährlich stürzte. „Gottlob bist du auf mir gelandet und nicht umgekehrt", konstatierte er, den Staub abschüttelnd. Jahrelang schickte
er mir danach noch kleine Zeichnungen, die immer voller Ironie
steckten. Der geniale Generalintendant August Everding, der München
das Prinzregententheater wiederschenkte und vieles mehr. Was für
eine Freude hatte er an seinen überbordenden Festen im historischen
Theater, das der Wagner-Hochburg Bayreuth nachempfunden war.
„Bitte schneide doch den Rollstuhl fürs Foto ab", bat er mich schon
todkrank bei einer sehr privaten Ehrung für Riccardo Muti in seinem
Theatersalon. Drei Tage später meldete das Radio seinen Tod, ich
fuhr an den Straßenrand, weil ich's nicht glauben konnte und mir die
Tränen kamen. Oder der Paradebayer Joseph Vilsmaier, der seinen
Traum vom Kameramann zum Regisseur wahr machte und gleich
mit seinen zwei ersten Filmen Preise gewann; der äußerst großzügige
Produzent Luggi Waldleitner, der es als CSUler wagte, den Film
Lili Marleen mit dem politisch durchaus andersdenkenden und
unberechenbaren Rainer Werner Fassbinder zu realisieren. Man traf
sich in „RWFs" Lieblingslokal Deutsche Eiche, in dem es zuging wie
in einem Bienenhaus. Als sein Freund Franz Josef Strauß ihn nicht
ohne Vorwurf fragte, warum das denn hatte sein müssen, meinte
Luggi kurz und bündig: „Ich misch' mich nicht in deine Treffen mit
Leonid Breschnew ein, also halt du dich da bitte auch raus." Ach ja:
Strauß. Auch einer, der Journalisten einbezog, selten grantig
antwortete und uns in vieles einweihte. Und wer sein Vertrauen
genoss, durfte dann auch mal mitfliegen: wie ich in der Maschine von
Wienerwald-König Friedrich Jahn samt FJS zum Opernball nach
Wien. Eine rechte Gaudi …

Höhepunkte und Abstürze

Während eines meiner ersten AZ-Nachtdienste (ging von sechs bis
Mitternacht) sprang die Schauspielerin Gertrud Kückelmann aus
dem Fenster, um ihrem Krebsleiden ein Ende zu setzen, auf der

Stelle tot im Gegensatz zu Topmodel Karin Feddersen, die ein paar Tage später ihren Sturz überlebte. Ich hatte die Aufgabe, sie im Krankenhaus von Bayreuth zu besuchen, es stand nicht gut um sie. Die schönsten Frauen gerieten damals gern an die falschen Männer. Feddersen, Muse von Flick bis Sachs, wollte nicht mehr leben und ist heute nicht mehr bei sich. „Es ist teuer und wahnsinnig anstrengend, dieses Jetsetleben zu überstehen", sagte sie damals oft. Sie ging unter. Als ich sie vor kurzer Zeit in München verwahrlost herumstreunen sah, hätte ich all die Gockel, die sich einst mit ihr schmückten, gern angerufen und – bis auf einen spendablen Nachtclubkönig – am Ohr gezogen. Mithaltenmüssen war in dieser prallen Zeit mitunter der Ruin für viele Menschen. Die fetten Jahre forderten ihren Preis.

Der Tod von Strauß, zusammengebrochen auf der Jagd des Fürsten von Thurn und Taxis, kam einem Orkan gleich. Ich hatte ihn noch abends zuvor auf der Wiesn gesehen: blass, müde. Seine damalige Freundin Renate Piller hatte mir verraten, dass bei Käfer die Verlobung stattfinden würde, ich als einziger Zeuge. Die Österreicherin hatte ihn erobert, als er nach dem Unfalltod seiner Frau Marianne in Tochter Monika Hohlmeier zwar eine gute Stütze hatte, aber doch einsam war. Am Tag nach der Verlobung fiel er bei der Jagd tot um, wie eine gefällte Eiche. Abgesehen von echter Trauer, die nicht nur seinen Ziehsohn Peter Gauweiler befiel, war Strauß noch wochenlang Lieblingsthema der AZ. 23 Schlagzeilen nach seinem Tod, dicht gefolgt von den Schlagzeilen nach dem Mord an Walter Sedlmayr. Auch der gewaltsame Tod von Gianni Versace, den ich in seinem prachtvollen, mit viel Gold ausgeschmückten Haus am Comer See und bei der großen Ausstellung in Berlin als besonders gebildeten, wunderbaren, sensiblen Menschen kennengelernt hatte, löste wilde Geschichten aus: Spekulationen, Verschwörung, Liebe und Eifersucht, Geschichten wie Kriminalfälle. Hautnah.

Heute regiert die Nachricht aus zweiter Hand, es ist eher selten geworden, dass die Stars einen anrufen und News verraten. Mister Music Ralph Siegel war so einer. „Komm doch bitte heute Abend nach Grünwald", sagte er, und beim Ankommen fiel ich in ein gigantisches

Kerzenmeer, das ich so noch nie gesehen hatte. Blumen dufteten betörend. Großes Ereignis: Siegel, inzwischen getrennt von Ex-Frau Dunja, sagte ja zur blutjungen Dagmar, die er beim Jeanskauf auf der Leopoldstraße kennengelernt hatte. Die Ehe hielt eine Tochter und ein paar Jahre lang, dann schnappte ein smarter Journalist sie weg. Ich hatte die beiden höchstverliebt hinterm Geisterbahnwagen auf der Wiesn entdeckt, aber erst mal stillgehalten. Meistens diskret. Eine Hand wäscht die andere, das Spiel zwischen Promi und Schreiber war spannend, aber immer eine diplomatische Achterbahn. Wann was und wie zu lancieren war – man bewegte sich auf dünnem Eis, musste auch immer damit rechnen, dass die Konkurrenz vorprescht. Da aber hatte ich oft Glück. Und die Anwälte waren damals noch lange nicht so scharf wie heute. Schön: Inzwischen ist die attraktive Dagmar in Baden-Baden glücklich verheiratet.

Etwas Großes zu verkünden hatte auch die Unternehmerin Renate Thyssen-Henne, als sie mich zum Champagner in die Bogenhausener Villa bat. Ihre Tochter Gabriele, die ich peripher von der Liaison mit Strauß-Sohn Max kannte und die als bildschönes junges Mädchen mal eine Single mit Ralph Siegel aufgenommen hatte, plante, Prinz Karl-Emich zu Leiningen zu heiraten: Die AZ (man war mit „Verleger" Anneliese Friedmann befreundet) sollte es verkünden. Zur Feier des Tages wurde Champagner gereicht, der Bräutigam kam als Über-raschung aus einem Nebenzimmer. Die geschlossene Ehe scheiterte vermutlich später am Hausgesetz, nach dem Prinzen mancher Familien enterbt werden, wenn sie Bürgerliche heiraten, was ich nie nachvollziehen konnte. Und Gabriele stieg später als Begum Inaara Aga Khan zu internationalem Glamour auf. Filmreifer Stoff.

Filmreif war auch ein Theaterauftritt, zu dem mich Milliardär Friedrich Karl Flick und Antiquitätenmogul Rudolf Neumeister nach Flintsbach aufs Land eingeladen hatten. „Der FK, wie Flick von Freunden wie Harry Lindmeyer oder Detlev von Wangenheim genannt wurde, spielt im Bauerntheater mit", hieß es. Dass Deutschlands reichster Mann dabei quasi nur mit Hut und in Tracht am Tisch saß und im Stück mit Kumpels stumm Bier trank – egal, die Exklusivfotos konnte keiner glauben. Genauso wie die Bilder der Familyband von Uwe Ochsenknecht mit seinen Kindern, zu deren Performance er mich in den urigen Augustiner in die Neuhauser Straße gebeten hatte.

Begieriger als heute – in der Ära der Pressetermine – war man als Journalist, etwas exklusiv zu haben. Auf private Info sozusagen. Im Laufe der Zeit hatte ich mir ein Supernetz mit vielen Direktkontakten aufgebaut. Das gelang, weil ich fair mit den Leuten umging und sie nicht linkte. Ein Beispiel: „Bevor's ein anderer indiskret macht, machst es du", sagte Eichinger, als er die wunderbare Barbara Rudnik kennenlernte, eine wichtige Frau nach Hannelore Elsner. Das Vertrauen blieb bis zu seiner Ehefrau Katja. „Ihr meine Fans müsst jetzt alle tapfer sein, zum Filmpreis bringe ich eine Frau mit, die mir viel bedeutet", sagte er und fragte später im Berliner In-Lokal Borchardt, wie ich sie denn so fände. Ich wusste, dass diese Frau für immer ist, das heißt für die wenigen Jahre, die Bernd noch bleiben sollten.

Was war noch anders im München der 70er- und 80er-Jahre? Die Bedeutung als Filmstadt. Die Bavaria Studios vor den Toren Münchens waren international gefragt und kompatibel, die Berliner Babelsberg-Studios noch in weiter Ferne. So kam es, dass Schwedens Starregisseur Ingmar Bergman nach furchtbaren Steuerdifferenzen aus der Heimat floh und sich nach Bayern absetzte. Sowohl im Residenztheater, wo sich Robert Atzorn bald über Bergmans rüden Stil beschwerte, als auch in den Bavaria Studios galt er als gefürchteter Despot. Als er '76 seinen dunklen Film *Das Schlangenei* fertigstellte, traf man Bergman selten auf Münchner Events, er lebte sehr zurückgezogen. Anders der nächste Erfolgsregisseur der Bavaria: Wolfgang Petersen. Er hatte übernommen, als Helmut Dietl hinwarf, und machte aus Michael Endes Zaubermärchen *Die unendliche Geschichte* einen gigantischen Trickfilm à la Hollywood. 60 Millionen hat das Werk rund um Atréju, Fuchur und die kindliche Kaiserin gekostet, Eichinger brachte sogar Tricks von George Lucas aus San Francisco mit ein und seine Filmfirma Neue Constantin ob der gigantischen Kosten zum Beben. Wie genau das war, lässt sich in Katja Eichingers spannendem Buch *BE* nachlesen, das sie nach dem Tod ihres Mannes veröffentlicht hat. Dank Bühnenbildner Ulderico Gropplero di Troppenburg, der den Turm und Ähnliches kreiert hatte, durfte ich auch schon vorab zu den Dreharbeiten. Die aus den USA eingeflogenen Kinderdarsteller waren angehalten, nur vier Stunden am Tag zu drehen, die Kosten trieb das immer höher.

Die Premierenfeier in den Bavaria Studios war damals eines der schillerndsten Feste. Bei der Berichterstattung half ich spontan dem Kurzzeitkolumnisten der AZ mit Namen und Infos. Als er am nächsten Tag nach zwölf Stunden mit dem Artikel immer noch nicht fertig war, drohte der Andruck zusammenzubrechen, und der Chef rief aus: „Muss kein Pulitzer-Preis werden, sondern eine Partyberichterstattung." Nach diesem Tag blieb er nicht mehr lange, ein Neuer übernahm, und nach einem Jahr fragte man wieder uns, Lotte Holetz und mich. Taten wir gern. Vielleicht sind Frauen eben doch wirklich zäher – und schneller.

In dieser Zeit war München auch fashionmäßig der Nabel Deutschlands. Das Magazin Vogue brachte die Mode auf Hochglanz, Chefredakteure setzten Maßstäbe. Mode „made in Munich" mit Escada und Rena Lange ging bis nach Hollywood, in den Traditionshäusern Maendler, Lodenfrey und Eduard Meier war das Stimmengewirr mehrsprachig. Die Modemesse war international geachtet, und direkte Drähte zum Modewochenchef Alfred Wurm erleichterten die Sache. Wenn Preisträger wie Karl Lagerfeld (damals noch vollschlank) oder Jil Sander am Flughafen ankamen, durfte ich mit in die Limousine, hatte das Interview praktisch sofort, schon vor dem Galaabend. Schmunzeln musste ich später oft, wenn Kollegen „Karl den Großen" als ihre große Erfindung mit den Worten „das ist mein Promi" in Besitz nahmen. Er selbst hatte unser frühes Interview nie vergessen, sprach gern davon. Und lud mich ein: zu den spektakulären Schauen im Pariser Grand Palais, bei denen wir vor Staunen den Atem anhielten, und später zur malerischen Inszenierung auf Schloss Leopoldskron in Salzburg. Topmodels flanierten hochhackig zwischen Rokokomobiliar, die Tische bogen sich vor Blumen und Teegebäck – eine Szene wie aus einem Historienfilm: eine Hommage an Coco Chanel, die sich im Salzburger Land so wohlgefühlt hatte, „Karl der Große" auf dem Höhepunkt.

Die 24 Jahre bei der AZ habe ich noch lebendig wie einen Film vor Augen. Auch den Zeitdruck bei der Tageszeitung. Vom Termin, dem Empfang beim Ministerpräsidenten oder der Pressekonferenz zurück, blieben oft nur zwei Stunden zum Schreiben. Wir tippten auf Manuskriptpapiere mit Durchschlag und verschickten sie per Rohrpost in die Setzerei. Um dort noch etwas zu aktualisieren, hüpfte ich in einen der letzten Paternoster Münchens. Wir teilten die Technik mit der Süddeutschen Zeitung, deren Edelfedern ich auch kennenlernen durfte: Herbert Riehl-Heyse, Hannes Burger. Ab und zu nahmen sie einen mit zum Kartenspiel oder Dinner und waren so gar nicht arrogant wie mancher Quereinsteiger heute. Affiges Getue unter Kollegen gab es nicht, und Kleider machten auch noch keine Leute. Zum Absturz kam es höchstens mal bei der Weihnachtsfeier, wenn ein späterer Bunte-Hüne die langen Tischdecken für Abenteuer nutzte, ganz geschickt für seine Körpergröße. Mir waren harmlose Büroflirts lieber – und es kam meinem Ehrgeiz zupass, dass in den ersten vier AZ-Jahren Freund Christoph weit weg wohnte und nur ab und zu reinschneite. So konnte ich getrost jeden Abend- und Sonntagsdienst absolvieren.

Wir hatten eine Verlegerin, die stilsicher wusste, was sie wollte. Eine, die kleine Briefchen schrieb, wenn ihr etwas besonders gefiel, zum Beispiel mein Bericht über den Geburtstag von Ministerpräsident Alfons Goppel, ein sehr populärer und bescheidener Landesvater. Oder sie riet, modebewusst wie sie war, zu Vergleichen: Auf dem Pferderennen in Riem sah man Hüte, so groß wie Bistrotische oder Wagenräder. Wie bei *Kir Royal* musste ich nur einmal in Anneliese Friedmanns elegantem Büro antanzen, weil ich eine Unternehmerin mit einer wahren Geschichte geärgert hatte. Trotzig hatte sie einen bösen Brief über mich geschrieben, und ich sollte mich reinwaschen. Friedmann, die ich schon wegen ihrer „Sibylle"-Kolumnen im Stern verehrte, glaubte mir. Fälle dieser Art waren Gott sei Dank selten. Wochenenden im Allgäu erdeten mich, und immer wieder fragten meine Mutter oder auch ich mich, ob die Geschichten über Promis, Pleiten und Premieren nicht auf die Dauer zu banal seien. Und ich doch vielleicht bei der Schwäbischen Zeitung im Allgäu – gleich um die Ecke – besser aufgehoben sei? Zumal ich inzwischen Benedikt geheiratet hatte, einen Mann, der mit Klatsch und Society so gut wie nichts am Hut hatte. Und laut meinen Freunden etwas sehr seriös wirkte. Quasi ein Gegenpol zur „Chaosqueen", wie ich mitunter genannt wurde. Ein Mann, der Ordnung in mein wildes Leben zu bringen versprach.

Der Seiltanz zwischen privat und Beruf

Unser Kennenlernen war rein zufällig gewesen: Benedikt hatte mich in der Redaktion angerufen, weil er eine Karte für ein Tennisturnier mit Boris Becker in der Rudi-Sedlmaier-Halle suchte. Ich konnte ihm helfen und ging mit. Schon äußerlich waren wir ein ziemlich ungleiches Paar: er klassisch, ich in roter Bomberjacke, er zwei Meter hoch, ich 40 Zentimeter kleiner. Vielleicht waren wir zwei Suchende mit mehr oder weniger guten Erfahrungen. Wir trafen uns, so oft es meine Abendtermine erlaubten, er holte mich von der Redaktion ab, ein Accessoire bei meinen beruflichen Einladungen wollte er nie sein. Ein Jahr nach dem Kennenlernen heirateten wir. Viele aus der AZ-Redaktion waren 1981 zur Hochzeit ins Allgäu gekommen, hatten gestaunt über die flachen Treppen, über die früher in Wolfegg Pferde in den Rittersaal geführt wurden, und über die grimmigen Vorfahren, überlebensgroß aus Stein hoch oben im Saal. Der Elvis von Schwabing, Richard Rigan, heizte mit seiner Band dermaßen ein, dass die Modeschmuckohrringe der Damen nur so durch die Luft flogen und „Ritchie" per Mikro eine randvolle Plastiktüte voller Klimbim in die Höhe hielt, um sie wieder loszuwerden. Beim Jawort in der barocken Stadtkirche von Kißlegg sang meine Freundin Penny McLean das *Ave Maria* so schön, dass sich alle Hälse zur Empore reckten, darunter auch Filmproduzent Christian Wirz, der sich ad hoc in sie verliebte. Es hielt nicht lange, aber die gemeinsame Tochter Marie ist der Hit.

Ich hätte den Job nun nach der Hochzeit an den Nagel hängen können, ja vielleicht sogar müssen. Zumindest als nach einem Jahr Sohn Maximilian zur Welt kam. Mein Mann hatte das bei der Taufe in seiner Rede bereits begrüßt, gerührt klatschten die Gäste Beifall. Die Schwangerschaft war traumhaft gewesen, bis fast zum Schluss hatte ich noch voll gearbeitet und als Model für spießige Umstandsmode fungiert. Selbst drei Wochen vor der Geburt gelang mir ein Kurzinterview mit Rolling-Stones-Frontman Mick Jagger, den wir in seiner Suite im Hilton aufspürten, einfach so, man war echt kesser damals. Die Musik beim Konzert scheint auch das Baby inspiriert zu haben: Max liebt die Stones.

Es waren die heißen Junitage '82, der Sommer flirrte und die Feste ebenfalls. Mitten in diesen Prachtsommer krachte die Nachricht von Romy Schneiders Tod. Nur einmal hatte ich die Diva, die nie „Sisi" sein wollte, beim Filmball erlebt, lachend, sehr flirtiv. Sie ist über den Tod ihres kleinen Sohnes David nie hinweggekommen, er hatte sich tödlich verletzt, als er über ein spitzes Gitter klettern wollte. Warum gerade sie, dachte ich, und obwohl ich sie kaum kannte, grübelte ich tagelang, wie es in ihr ausgesehen haben muss nach dem unsinnigen Tod ihres Kindes. Geschichten, die zum Weinen sind.

Aber das Fieber hatte mich schon gepackt, Rückkehr und Mutation zur Hausfrau unmöglich. Und auch das zweite Kind, Tochter Julia, konnte mich drei Jahre später nicht umstimmen. Dabei war sie ein besonderes Geschenk. Wenn ich sie ansah, so blond und glücklich, empfand ich immer so etwas wie ein Wunder. War sie doch sehr viel früher als erwartet zur Welt gekommen, und nur meinem wunderbaren Cousin, dem Gynäkologen Franz Buquoy, ist es zu verdanken, dass alles gut ausging. Ich hatte viel liegen müssen, stets umsorgt von meiner Mutter und der engagierten Nachbarin Drax. Zwei Wochen lang konnte ich mein Kind gar nicht sehen, weil es in der Kinderklinik lag und ich mich noch nicht wegbewegen durfte. Penny McLean, mit berühmter Nase für die Zukunft, brachte mir Polaroids vom verkabelten Baby mit und prophezeite: „Die hat eine Bärenkondition, brauchst keine Sekunde um sie bangen." Ich habe mich damals mit einigen Müttern unterhalten und erfuhr, dass es vielen so geht: Beim zweiten Kind denkt man mitunter, alles Interessante sei nun zu Ende. Ans Haus gebunden, Kindergeschrei, Windeln, Kochen, Tomatensauce überall. Und so kam es, dass ich, diesmal wirklich ohne lange Pause, wieder in der AZ aufschlug.

Natürlich ist es immer ein Drahtseilakt, ja fast unmöglich, beide Aufgaben, Kinder und Beruf, hundertprozentig zu erfüllen. Ich bewunderte akribisch organisierte Frauen, die aus dem Ei gepellt und am besten in „Bogenhausen-Blond" daherkamen, schicke Einladungen gaben und das Leben ihrer Karrieremänner guideten. Doch manchmal war es umgekehrt: Sie beneideten mich, weil sie sich mein Leben aufregender als das ihre vorstellten. Atemlos beim Schulbus anzukommen, um die Kinder entgegenzunehmen, war aber auch nicht gerade perfekt. Dafür, wie viel Hast und Unruhe Max und Julia mitbekommen haben, sind sie wirklich toll gelungen. Sie sagen heute, sie hätten meinen Job anregend und spannend gefunden, und das will ich mit immer noch schlechtem Gewissen gern glauben. Pünktlichkeit oder das kommende freie Wochenende ist das Letzte, was ein Journalist seiner Familie versprechen sollte, es ist einfach so gut wie unmöglich. Sogar von zu Hause arbeitete ich weiter, ging mit Prominenten essen für eine Serie, die gleichermaßen den Menschen und das neue Lokal vorstellte. „Sonst kommst du nimmer zurück", meinte Ernst Fischer. Die Interviews und Begegnungen mit Stars und Machern faszinierten mich.

Die Organisation zu Hause war nicht immer leicht. Natürlich war mein Mann ein verlässlicher Ins-Bett-Bringer und Wochenendgestalter der Kinder, aber auch der Tag musste geplant werden. Wenn nicht gerade die Spielplätze geschlossen waren, wie in der Zeit nach Tschernobyl, peilte ich mit den Kindern einen der Schwabinger „Tobeorte" an, traf Freundinnen mit gleichaltrigen Kindern, war in den Stunden voll für die Familie da. Das Wort Rabenmutter, das ich auch oft hörte, passte also nicht ganz. Zugegeben: Eine Haushaltshilfe, die wirklich anpackt, wäre rückblickend besser gewesen. Wir aber entschieden uns nach drei festangestellten Kindermädchen für ein Au-pair, mitunter wie ein drittes Kind im Haus. Sie blieben jeweils ein Jahr, ordneten gegen Kost und Logis Kinderzimmer und Wäsche und passten ab und zu abends auf, wenn wir eingeladen waren. Während die Kinder im Kindergarten und in der Schule waren, konnten sie ihr Deutsch in Kursen intensivieren oder sich vergnügen. Kino, Picknick im Englischen Garten, chillen. Manchmal hatte ich sie auch zu trösten: bei Heimweh, bei einer einseitigen Liebe. Die absolute Perle, Carolin, kam aus Mexiko und blieb gleich zwei Jahre. Ein Sonnenschein. Fröhlich, patent, hübsch, die Kinder liebten sie. Sie ist nach wie vor mit uns verbunden. Die Moskauerin, das letzte Au-pair-Mädchen, war leider eine Mogelpackung. Ich beschenkte sie immer wieder, weil sie ihre Familie zu unterstützen vorgab, und sie nahm sich dafür, was ihr gefiel: ein Bild, eine Kette, Pullover, Geld. Einfach so. Sie war nicht zu durchschauen, auch ihre Freundin, die bei Nachbarn arbeitete, schien nett. Dann waren beide Hals über Kopf über Nacht getürmt, die Freundin und sie. Ein eindeutiger Fall für die Polizei, aber wir hatten Sorge (ich und meine Krimis …), dass sie einem Mafiaring angehörten, und unternahmen leider nichts.

17 Jahre später wurde die Gutgläubigkeit eines Münchner Verlegers ebenfalls durch zwei Haushaltshilfen erschüttert, vielleicht waren es dieselben? Das diebische Duo nutzte seine Hinfälligkeit bis an die Grenzen aus und ließ sich, Schritt für Schritt, einen Gutteil des Erbes überschreiben. Der Verlag musste verkauft werden, die Familie ging leer aus. Es sind Stoffe, die man in einem Film kaum glauben würde. Apropos Film: Zum 18. Geburtstag meines Sohnes spielten Au-pair-Mädchen ebenfalls eine kleine Rolle. Weil Max schon als Kind so film-versessen war, hatte ich ein Gedicht verfasst, bei dem in jedem Satz ein Filmtitel vorkam – von *Her mit den kleinen Engländerinnen* bis zu *Kleiner Mann ganz groß*. Beim Schlusssatz musste ich schon beim Üben schlucken. „Ich wünsche dir, dass du immer und überall sagen kannst, das Leben ist schön …" Die Kids, es herrschte wie bei einem anständigen Bubengeburtstag totaler Mädchenüberschuss, schluckten auch.

Wer reinkommt, ist drin

Am spannendsten waren die Events, die zunächst unerreichbar schienen: Eine Birthdayparty von Leonard Bernstein in seinem Lieblingswohnzimmer Kays Bistro (damals am Viktualienmarkt), die ich durch die Hintertür und als Kellner verkleidet erreichte; der private Geburtstag von Medienkönig Leo Kirch im Kaisersaal der Residenz, bei dem ich ebenfalls Kellnerin spielte; die hermetisch abgeriegelten Dreharbeiten zu *Steiner – das Eiserne Kreuz* mit Weltstar Richard Burton, ebenfalls bei den Wittelsbachern, der sich lange mit mir unterhielt. Oder ein kleines, feines Dinner bei Maximilian Schell über der Klause in Harlaching, wo Claudio Abbado Klavier spielte, die Haushälterin Frau Horn Krautwickel servierte, Akademiechef Ben Willekens sich mit Gero von Boehm schlau austauschte, während Friedrich Dürrenmatt seine Texte rezitierte und seine spätere Frau Charlotte Kerr kennenlernte. Intellektuelle Sternstunden im Schickimicki-München. Ein Haus voller Kunstschätze (Miró und Josef Albers) und dem Oscar für *Das Urteil von Nürnberg* in einer Nische, direkt unterm Porträt von Gustav Gründgens, Schells Idol. Dort erfuhr ich auch, dass sich Schell als Chef des Volkstheaters bewerben wollte, erzählte es in der Redaktion, und die Meldung kostete ihn schließlich den Job. Er hielt mir das, halb scherzhaft, bis zu seinem Tod vor.

Unvergessen sind auch die Feste, die Allroundstar Gunter Sachs in seinem Fotostudio gab: er als Dracula verkleidet, der Frauenversteher Julio Iglesias himself, ja wirklich, der echte, und wir alle als Hollywoodstars. Sogar Caterer Käfer war im Clownskostüm. Ich am liebsten als Liza Minnelli oder Liz Taylor. Was hatte Gunter für eine Freude, seine Freunde feiern zu sehen, zu teilen. Er war der Impresario schlechthin. Achtete akribisch drauf, wer zu wem passte, was wer mit wem zu sagen hatte und dass es stets genug schöne Mädchen gab. Daran fehlte es ihm nie, waren sie doch alle von ihm in dem Studio schon mal fotografiert worden und blieben zeitlebens mit ihm befreundet.

Oder die Feten von Promianwalt Peter Schmalisch und seiner Frau Ulrike. Tausendundeine Nacht war nix dagegen: Gottschalk, Hans-Dietrich Genscher, Antje-Katrin Kühnemann und Petra Schürmann tanzten durch die laue Sommernacht. Und Thomas Gottschalk machte mir wegen der rauen Stimme das Angebot, mit ihm und Günther Jauch die *Radioshow* zu moderieren. Leider scheiterte das reizvolle Projekt daran, dass ich einfach nicht so drauflosquatschen konnte wie die zwei. Es blieb beim Studioversuch. Gottschalk, dessen Art und Schlagfertigkeit mir immer schon gefielen (man wurde immer ein Stück fröhlicher neben ihm), war auch begehrter Jurygast bei der AZ-Wahl der „Schönen Münchnerin", einer Art Misswahl auf Bayerisch. Einmal schrieb Maximilian Schell heimlich, schnell und leise die Adressen der Mädchen auf der Rückseite der Fotos ab. Das hatte Thommy, dem sowieso alle Frauen zuflogen und dessen Thea doch immer siegte, nicht nötig.

Meinem Mann verlangte ich in dieser wilden, atemlosen Zeit sehr viel ab. Kopfschüttelnd saß er eines Morgens aufrecht im Bett, als ich zurückkam. Aus den angekündigten vier Stunden Dinner mit Dietl und Co. waren unversehens neun geworden. Die wilden Wiesenblumen, die ich am nächsten Tag durch einen Boten der Filmfirma bekam, haben mich verwirrt … Rückblickend habe ich mich um einige Freuden gebracht, verpasste wegen Recherchen des Münchner Nachtlebens manche Gutenachtgeschichte für Max und Julia. Stets war die Versuchung größer. Und wie oft sagte ich weiterhin: „Wird diesmal bestimmt nicht lang." Erst heute, nachdem ich Enkel habe, ist mir bewusst, was mir vielleicht auch entging.

Ich lernte die Regeln der Münchner Society kennen, die mitunter abenteuerlich zurechtgebogen werden. Erstaunt stellte ich in Toni Netzles legendärem Altem Simpl in der Türkenstraße fest, dass eine Ménage à trois durchaus salonfähig ist – der große Mime Bernhard Wicki saß hier gern mit Ehefrau Agnes Fink und seiner Geliebten und späteren Ehefrau Elisabeth Endriss, quasi als Sandwich in der Mitte. Ich lernte Ehefrauen von Stars kennen, die sich suchend nach weiteren und spannenderen Gästen umsehen, wenn man mit ihnen spricht (eine grobe Münchner Unsitte), oder Society-Damen, die ihr Alter und den Pass sogar vor ihren Kindern geheim hielten. Wie wütend war Petra Schürmann, als ich sie als Gast einer Clique outete, die alle 50 Jahre alt wurden – dabei war sie mit dem Bierboss und dem Polizeipräsidenten in bester Gesellschaft. Ich lernte, dass die Münchner Society relativ überschaubar ist und dass sich Paare spielerisch und ohne Gewissensbisse austauschten. Lernte, dass es unendlich viele Kreise in München gab und dass man Jahre dafür brauchte, um sie zu orten: Literaturzirkel rund um Hanser-Chef Michael Krüger oder Wolf Wondratschek, die mit Vorliebe Charles Schumanns Bar (damals noch in der Maximilianstraße) anpeilten, Kunstgruppen rund um Herzog Franz und die Mäzenin Ingvild Goetz, der Garden Club mit betuchten Ehefrauen und schönen Parks oder der Bordeaux-Wein-Club im Feinschmeckerlokal Tantris, der sich einmal im Jahr in rote Samtmäntel warf, um laut wie bei einer Eheschließung „Bordeaux, toujours Bordeaux" zu schwören. Oder Drahtzieher der Medien von Josef von Ferenczy über *Derrick*-Vater Helmut Ringelmann bis *Winnetou*-Produzent Horst Wendlandt, die Karrieren powern oder knicken konnten. Und ich lernte, dass manche Menschen bis zum Schluss warten, wenn sie mehrere Einladungen für einen Abend haben, um dann schließlich die ihrer Meinung nach wichtigste zu wählen. U.A.w.g. heißt ja nicht etwa – unter anderem wird getanzt, sondern: Um Antwort wird gebeten …

Ich beobachtete, dass Abgestürzte schnell vergessen und Emporkömmlinge schnell umschmeichelt sind. Wie haben sich die Leute aus ganz Deutschland die Nasen am Luxusshop Carnaval de Venise an der Maximilianstraße platt gedrückt, um einen Blick auf den Modezaren Rudolph Moshammer zu ergattern, wenigstens auf seine winzige Mama Else, die nun im Film von der tollen Hannelore Elsner verkörpert wird. Wie einsam der Rudi war, konnte ich einmal beim gemeinsamen Sonnenbad am Ufer des Fuschlsees erleben, als er so richtig aus dem Nähkästchen plauderte. Aber dass er seine Liebhaber in Bahnhofsnähe suchen musste, das verriet er mir natürlich nicht. Und der bunte Paradiesvogel, wegen dem viele Nordlichter meinten, ganz München sei so wie er, konnte fuchsteufelswild werden, wenn man ihm wie ich eine Perücke andichtete. Dabei hatte er die ohne Frage auf, manchmal sogar ziemlich schief. Es war so wie im Märchen von *Des Kaisers neue Kleider*, in dem der Herrscher nackt auf seinem Pferd sitzt und unter Gejohle durch die Stadt reitet. Dieses falsche und unaufrichtige Huldigen wie bei Hans Christian Andersen habe ich oft erlebt. Augenzwinkernd oder entrüstet, je nach Grad der Lüge oder Schmeichelei.

Grenzgänger

Dass Schlagzeilen Menschen auch fast vernichten können, erlebte ich ebenfalls. Zur Hochzeit von Ex-Bundespräsident Walter Scheel und der Krankengymnastin Barbara schickte man mich nach Österreich. Schönes Zelt, Politgäste, tolle Blumen – aber was war denn das? Auf der Menükarte stand „Risotto mit Blattgold". Bewaffnet mit dem Karton kam ich zurück in die Redaktion, und der Skandal war perfekt. Kohl isst einfachen Saumagen und Scheel zwölf Gänge, darunter Blattgold. Jede Zeitung griff den Skandal auf, fast meine ich, dass sich Scheel nie mehr davon erholte.
Die zweite kulinarische Meldung kam nicht von mir, sondern vom Polizeireporter, ich hätte sie möglicherweise zurückgehalten. Eckart Witzigmann, der Jahrhundertkoch, wurde mit Koks erwischt. Der Vorreiter der Nouvelle Cuisine erst im Tantris und dann im eigenen Aubergine – ausgeschlossen. Was für einen Stress muss er gehabt haben, dass er dazu greift, war mein erster Gedanke. Immer der Beste bleiben zu müssen – schwere Hypothek. In dieser Zeit erlebte ich auch Liedermacher Konstantin Wecker, den ich wegen seines Politmutes sehr schätzte, außer sich. Wie getrieben lief er auf dem Oktoberfest durchs Festzelt, ich habe ihn kaum wiedererkannt. In seinem Buch *Uferlos* rechnete er später schonungslos mit sich und den Drogen ab. Eine sehr ehrliche Beichte. Und Witzigmann? Seine Popularität ist ungebrochen. Dass der Jahrhundertkoch alle

guten Maestri neben sich gelten lässt und sie in den Himmel loben kann, ist geradezu ein Ausnahmefall in unserer neidischen Gesellschaft. Zehn der besten Köche servierten erst neulich beim 50. Geburtstag des herrlichen Restaurants Grüne Gans einträchtig, alle an einem Strang. Den Gastgebern Julius und Inge Stollberg zuliebe. Von wegen viele Köche verderben … Den prominentesten Drogenskandal, der viele Mitschnupfer zittern ließ, hatte München 1979. Showstar Margot Werner hatte Abi Ofarim aus Rachegelüsten verpfiffen, und er musste fast ein Jahr in Stadelheim einsitzen. Das beschrieb er auch in seinem Buch *Licht und Schatten*. Das Resultat: Der Großteil der Menschen war auf seiner Seite, und sie galt fortan als Petze.

Spezialaufträge

Ja, mein Mann war wirklich tolerant. Auch angesichts der Einladungen eines Zeichnerzirkels mit Reiner Zimnik, Loriot, Dieter Olaf Klama und Dieter Hanitzsch, die immer länger dauerten als prophezeit. Sogar die Aktstudie einer schwangeren Frau, die sich Zimnik für eine Ausstellung von mir wünschte, erlaubte er. Das Bild mit verfremdetem Kopf habe ich immer noch. Wie auch das Porträt von Ernst Fuchs, das ich dem Wiener Malergenie abtrotzte, nachdem er die AZ und mich um einen Gefallen gebeten hatte: „Münchnerinnen, lasst euch vom Fuchs malen“, hieß es da auf Seite 1, und schon wieder kamen fast so viele wie damals beim Essen mit Monaco Franze. Der Fuchs, ganz Fuchs, wusste, dass ihn so ein Aufruf weniger kostet als eine Anzeige, schenkte mir dann aber doch noch mein Bild, auf dem ich mit abenteuerlich scheußlichem Afrolook zu sehen bin, der damals in Mode war. Die Dauerwellen, die man dafür brauchte, ruinierten die Haare und gingen kaum mehr raus. Das hat der Dietl in *Kir Royal* mit all den Moden und Trends, die man so gedankenlos mitmachte, schon brillant gezeichnet. Der Wahnsinn, wie wir damals alle zu Doris Brugger in die Versace-Boutique liefen, um für den Boxkampf von Henry Maske in Lack und Leder gehüllt zu sein. Sarah Brightman sang mit Andrea Bocelli ihr *Time to Say Goodbye*, und ich war wie paralysiert – vor allem in der Garderobe. Da lag Gentleman Maske doch glatt mit einem Stück rohem Fleisch auf dem Gesicht. „Das heilt die Wunden schneller", erfuhr ich. Maske gefiel mir sofort, ein ganz Großer ohne Stargetue. Und von da an freute ich mich jedes Mal, wenn ich ihn mit seiner sympathischen Frau Manuela traf.

Es gab so gut wie kein Thema und keinen Aspekt, den ich in diesen 24 Jahren bei der Tageszeitung nicht erfahren, bearbeitet oder bestaunt hätte. Sogar als Polizeireporterin oder im Gericht (Schwerpunkt Scheidungen) lernte ich dazu. Und: Wie schwer man als Frau in einen Puff kommt – ein Thema, das mir als Serie aufgedrückt wurde und das rückblickend auch gefährlich hätte ausgehen können. Als Allgäuerin hatte ich vielleicht den Vorteil, mich nicht verbiegen und einschmeicheln zu müssen, das mag der Allgäuer nämlich gar nicht. Auch verstand ich mich stets als Spiegel der Gesellschaft und nicht als Hinrichter. Als Beobachter und nicht als Spielverderber im großen und flüchtigen Spiel der Society und Eitelkeiten. Lustvolle Beschreibungen der Szenerien, durchaus mit Zwischentönen, lagen mir mehr als Totalverrisse. Und das Staunen, das habe ich bis heute nicht verloren.

Gestaunt haben wir alle 1985 beim vielfach ausgezeichneten Film des Jahres *Männer* von Doris Dörrie. Uwe Ochsenknecht, Ulrike Kriener und Heiner Lauterbach wurden über Nacht zu Idolen. Die deutsche Komödie lebte auf. Apropos Männer: In die so heiß diskutierte Me-too-Debatte kann ich mich mit eigenen Erfahrungen nicht einreihen. Ich konnte Nein sagen.

Geben und nehmen

Die verschiedenen Arten, Reichtum zu zeigen oder zu kaschieren – auch das hatte ich erst mal zu lernen und richtig einzuordnen. Ist Zurückhaltung oder der Sprung aus dem Foto etwa Koketterie oder wirklich ernst gemeint? Alles ist möglich. Milliardär

August von Finck beispielsweise fährt einen klapprigen VW, und auch sein Outfit (Cordhose, betagte Joppe) lässt nicht gerade auf Mega-wohlstand schließen. Beim Kirchgang oder auf der Straße beim Flanieren – vorbei an seinen vielen Häusern in der Münchner Innen-stadt – ist er stets heilfroh, wenn er nicht erkannt wird. Immer mehr Menschen handhaben ihr Privatleben diskret, ihre Feiern und Konterfeis bleiben inkognito. Andere wiederum sind da etwas zwiege-spalten. So ganz möchte man dann eben doch nicht drauf verzichten, dass die Welt sieht, was man hat. Villen an den schönsten Plätzen der Erde, Feste wie aus dem Film. Da kann es durchaus passieren, dass man Fotografen zwar erst mal reingelassen hat, die Reportage dann jedoch wieder zurückzieht. Wie ein Coitus interruptus, Vorfreude und ein jähes Ende. In Frankreich gilt bei altem Geld große Diskretion, in den USA sieht man das schon lockerer, aber Homestorys bei der wirklichen Topsociety werden auch dort immer seltener. Nouveau riche ist nicht mehr das, was es einmal war. Am besten gefallen mir die, die ihr Vermögen sinnvoll teilen: Friedrich Christian „Mick" Flick etwa mit seiner öffentlichen Sammlung im Hamburger Bahnhof von Berlin und mit seinem Mäze-natentum in der Neuen Nationalgalerie, Regine Sixt, Roland Berger, Michael Otto, Susanne Klatten und Gabriele Quandt mit Kinder- und Jugendstiftungen.

Bei Kritik oder Wortwahl waren manche gnadenlos empfindlich. Helmut Dietl beispielsweise und Loriot alias Vicco von Bülow, mit dem ich nach einem Interview vielfach hin und her telefonierte. Ja, vom Festnetz, denn Handys gab es noch nicht. Und für jede neue Info rannte man noch in die Telefonzelle. Das hatte auch seinen Reiz, vor allem das Nicht-erreicht-werden-Können. Beide Männer legten jedes Wort auf die Goldwaage. Deshalb waren sie vermutlich auch so gut, weil sie Pointen akribisch setzten und diese auch 1:1 umge-setzt haben wollten. Humor ist harte Arbeit. Und wer mal den großen Humoristen Heinz Rühmann (oft zu Gast bei Anneliese Friedmann) falsch erwischte, bekam eine kalte Dusche. Privat war er so diametral anders als in der *Feuerzangenbowle*.

Dietl verdankte ich nicht nur eine Minigastrolle in *Kir Royal*, zu der ich rein zufällig kam, weil ich die Ausbeutung der Statisten beschreiben wollte – sein Produzent Jürgen Dohme entzog sich charmanterweise aller Zahlungen für meine gefundenen Locations wie Schloss Anif bei Salzburg oder eine Bogenhauser Villa für die spirituellen Sitzungen der Frau von Unruh. Nein, ich verdankte ihm auch meinen ersten Ausflug nach Hollywood, wo er '92 mit *Schtonk!* für den Oscar nominiert war. Ein totales Wow-Erlebnis. Ich darf dahin, großartig! Wie ein Ritterschlag kam diese Einladung. Schon vorab las ich alles über den Goldmann, was mir in die Finger kam, die Geschichte, die größten Siege, die Preisträger, die Stars. Ich hatte Stadtpläne und die schönsten Hotels studiert, viel von Oscarpreisträger Arthur Cohn über Los Angeles erfahren und dachte, ich wüsste alles. Dort angekommen, überbot die Realität alles Angelesene, Erzählte, Vorgestellte. Die endlos lange Schlange vor den Security-Desks, die Massen der ankommenden Menschen, da der Koffer, rein ins miefige Taxi und nix wie weg ins Hotel. Im Gegensatz zu allen Gerüchten hatte ich nie einen Fahrer, den brauchte ich auch nicht. Für mich Jetlaggerin war es eigentlich zwei Uhr früh, hier aber erst fünf Uhr nachmittags. Das Licht der untergehenden Sonne erhellte auf der todesgefährlichen Fahrt blutrot die endlos langen Palmen. Der Lilienduft im Pink Palace, dem Beverly Hills Hotel mit den markanten Palmentapeten entlang aller Gänge haute mich förmlich um. So wie die Freundlichkeit der Portiers, die einen nach 15 Stunden Flug immer noch goodlooking fanden. Das Licht im Bad schmeichelte, und unversehens verschwanden die Spuren des langen Fluges. Sofort fühlte ich mich um Jahre verjüngt. Aus der legendären Polo-Lounge, in der man vor Geräuschpegel oft kein Wort versteht, quollen lachend die Schauspielerinnen Meryl Streep, Annette Bening und Glenn Close, Übrigbleibsel eines Ladys-Lunches. Die Woche vor den Oscars strotzt erfahrungsgemäß vor Cocktails, Dinners und Partys. Jede Filmfirma trommelt geballt für ihr nominiertes Werk, je lauter, desto besser – und jede Sekunde zählt in diesem spannenden Countdown. In drei Stunden war ich mit den *Schtonk!*-Leuten in einem Italolokal verabredet, das Dietl gleich nach seiner Ankunft gefunden und zu seinem amerikanischen Romagna Antica erklärt hatte. Adrenalin hielt mich wach und erst recht die ausgelassene Truppe samt Veronica Ferres.

Oscarvortag: Alle waren bestgelaunt, hatten die Konkurrenz, sprich die anderen ausländischen Filme, zuvor bei der Academy of Motion Picture Arts and Sciences gesichtet und fühlten den Oscar schon in der Tasche. Quirlige Vorfreude und am nächsten Tag die traurige Ernüchterung. Alles hatte so spannend begonnen, und wer diesen wahnsinnigen Oscareinzug noch nie erlebt hat, reibt sich die Augen: Schimmernde Stretchlimousinen spuckten einen Star nach dem anderen auf dem weltlängsten roten Teppich aus, Helikopter kreisten ohrenbetäubend über uns, die Zaungäste kreischten bei jedem Neuankömmling, je später er bestellt war, desto prominenter. „Wir sind ganz schön früh dran", meinte Dietl und sah das vielleicht schon als schlechtes Omen. *Indochine* gewann, Catherine Deneuve war populärer. Es war erschütternd, die Enttäuschung mit anzusehen. Tränen flossen, und Dietl befahl: Wir gehen nicht zum Governors Ball. Das ist der große Ausklang samt Dinner von Starkoch Wolfgang Puck, bei dem traditionell Nominierte und Gewinner zusammensitzen. Ehrensache, auch wenn man leer ausgeht. Der Tisch blieb leer, man fuhr in die Villa von Bernd Eichinger in der Cherokee Lane, um dort die Trauer zu begießen. Ich blieb staunend weiter beim Ball, lernte Al Pacino und Cate Blanchett kennen, war schwer beeindruckt von der geballten Starriege.

Noch in der Nacht gab ich meinen Text durch, wegen der Zeitverschiebung um neun Stunden war Eile geboten. Den frisch gedruckten Artikel mit der Schlagzeile über die Tränen der Deutschen hatte Dietl postwendend vom Münchner Wirt des Romagna Antica erfahren. Umgehend rief mich der Regisseur an und schimpfte, was das Zeug hielt. „Des wird sofort abgemildert", befahl er. So endete mein erster Ausflug nach Hollywood. Meine Freundin Carolin Dendler, die damals für Springer in Los Angeles postiert war, lud mich nach dem Dietl-Desaster ins Restaurant Oyster Bar and Grill in der Market Street des herrlichen Strandorts Venice ein, das dem britischen

Schauspieler Dudley Moore gehörte, der zunächst Klavier spielte und dann an unseren Tisch kam.

Ich hatte schlaflose Nächte, Gewissensbisse. Und nicht nur da. „Man sollte Frau sein in dem Beruf", hat mir der Graeter Michi oft gesagt und dabei, typisch er, an Sex gedacht. Er war überzeugt, als Frau sei das Antichambrieren bei Prominenten einfacher. Mir jedoch waren meine Emotionen oft im Weg – oder ich hatte sie, Gott sei dank. Ein bisschen gerissener und kaltblütiger wäre ich wohl sicher besser gefahren. Einer Frau gehen Kräche oder Mobbing sicher mehr an die Nieren als Männern, dachte ich mir. Aber vielleicht sehen wir dafür Schwingungen auch deutlicher, das Glück in den Augen Frischverliebter, die Einsamkeit im Gesicht. Einer Frau vertraut man sich möglicherweise auch eher an, das habe ich oft erfahren. Und immer waren mir Liebesgeschichten viel lieber als Trennungen, obwohl Chefs bei Letzterem ganz wepsig vor Freude werden.

Der Journalist als Therapeut oder Vermittler

Auch das gab es. Etwa beim stundenlangen Gespräch mit der Frau eines Hollywoodstars, die sich beim Festival in Cannes was antun wollte. Man muss, so lernte ich immer mehr, Promis auch vor sich selbst schützen. Ihnen Schranken aufweisen. Das war nicht der einzige therapeutische Gewaltakt, den ich positiv zu bewältigen hatte. Der Journalist als Berater, das kam auf mich auch mit der Aidserkrankung zweier Freunde zu: Freddy Zimmermann, Sunnyboy der Boutique Sweetheart, lag todgeweiht in einer Klinik am Tegernsee, seine Freunde hatten sich zurückgezogen, nachdem er jahrelang in die Kasse gegriffen hatte. Das verzieh ihm keiner, ich besuchte ihn noch und versuchte, ihm mit Heiterkeit und Anekdoten die Angst vorm Sterben zu nehmen. Vielleicht war der Geldklau auch der Grund, dass diese blühende Fashionoase Ende der 90iger pleiteging. Ratlose Society-Ladys rundum, vorbei die Zeiten, in denen der Salon (es gab weder feste Preise noch Tüten, sondern nur Müllbeutel für die gekaufte Ware) und die Galerie im Keller blühten. Die skurrilste Geschichte erlebte ich da auf einer Vernissage. Ein verführerisches Prachtweib mit Locken und Feewimpern wurde von einem Gast abgeschleppt und entpuppte sich beim Ausziehen daheim als Kerl. „Hätt'st mich ja warnen können", moserte der mich am nächsten Morgen an. Bin ich jetzt nicht nur Therapeut, sondern auch noch Kindermädchen, dachte ich mir. Die Geschichte gefiel mir, weil mir Skurriles einfach besser passte als Alltägliches.

Der Journalist im Zwiespalt ist ebenfalls ein Thema. Mit einer Hermès-Tasche lockte die Frau eines hochkarätigen Münchners, wenn ich im Gegenzug die Geliebte ihres Mannes, die ich gerade entdeckt hatte, für mich behielt. Anstand zahlt sich nicht immer aus: Nach Rücksprache mit der Chefredaktion verzichtete ich auf diese Story, bekam aber auch keine Tasche. Hätte ich wegen Compliance wohl auch nicht annehmen dürfen. Denn schon damals war es ein ehernes Gesetz, sich nicht schmieren zu lassen. Die Summen, die man mir mitunter anbot, um etwas zu lancieren oder wegzulassen, hätte ich heute gern. Nicht ernst gemeint natürlich. Bringe ich die Geschichte oder nicht, war oft die Frage: Während zwei mir bekannte Mütter alles taten, um ihre Töchter gut zu verheiraten, waren zwei Väter genau entgegengesetzter Meinung. Wie bat mich Brau- und Baulöwe Josef Schörghuber, der mich oft zu Dinners ins Haus der Kunst einlud, die Liebelei seiner Tochter Arabella mit dem umtriebigen Wirt Peter Pongratz nicht zu lancieren. Es half nichts: Das Paar heiratete und trennt sich wohl gerade. Zweiter strenger Vater war Franz Burda, der seine geliebte Tochter Cathrine nicht an Finanzjongleur Thomas Kramer verlieren wollte. Wie gern in München, wo man sich über jeden Exoten freut, war Kramer damals so was wie eine Trophäe und seine Einladungen in der Schwabinger Zittelstraße ungemein begehrt. Man schlürfte kritiklos seinen Champagner, seine damalige Freundin, eine attraktive PR-Lady, spielte Gastgeberin. Dann lernte er die hübsche Burda-Tochter kennen, ich schrieb darüber, garniert mit einem malerischen Foto des Paares auf einem Müller-Vivil-Fest auf der Praterinsel; sie heirateten wirklich und trennten sich sehr bald wieder. Kramer war wie später der Baulöwe Jürgen Schneider ein typisches Beispiel dafür, dass man mit eleganter Verpackung und Worten eine ganze Stadt einlullen kann. Und wie man hört, tummelt er sich nach wie vor, trotz unzähliger Klagen, in In-Orten wie Kitzbühel oder Marbella …

Klatsch ist heilsam

Wie auch immer: In den AZ-Jahren habe ich gelernt, warum Klatsch und Berichterstattung über Stars so begehrt und letztlich auch wichtig sind. Heilsam geradezu. Jedermann kann sehen, dass auch sie, ob Schauspieler, Milliardär, Modezar, Schriftsteller oder Royal, ihre Sorgen haben. Wie alle anderen Menschen auch. Ob mit Geld, in der Liebe, in Naturkatastrophen, mit den Kindern, mit der Gesundheit etc. – es tröstet, dass man mit seinen Problemen nicht allein ist. Dass es denen da oben ähnlich geht wie uns da unten. Man möchte sie nahe wissen, kopieren und umarmen – und mit ihnen trauern, wenn sie im Pech sind. Mit jedem Schicksalsschlag kommen sie uns näher. Und der in Deutschland so beliebte Neid plus Schadenfreude darf dann mal wieder triumphieren.

Einen Break nach solch intensiven Tagen bot mir das Allgäu. Nirgendwo war es leichter, wieder auf den Boden zu kommen. Meine Mutter strahlte so viel Ruhe aus – und der kleine Ort ebenso. Alles Flirrende, Glänzende und Scheinbare verschwand mit einem Mal. Ja, wurde geradezu lächerlich. Man war wieder ganz „bei sich". Echte Bühne nach Showzirkus.

Tiefgang nach zu viel Oberfläche fand ich auch in Theater und Kino. Ich ging fast in jeden Film, auch weil ich deren Stars immer mehr kennenlernte, und im Residenztheater oder den Kammerspielen mit Axel Milberg und Rolf Boysen verpasste ich kaum ein Stück. Franz Xaver Kroetz inszenierte mit Eva Mattes auf einer kleinen Bühne *Stallerhof,* und sie war nackt. Es gehörte dazu, provoziert fühlte sich keiner. Wenn das Theaterfestival gastierte, im besten Fall mit Ariane Mnouchkine oder George Tabori, dann war der Kopf wieder frei für Neues. Hollywood adieu. Auch das großartige Festival gibt es nicht mehr. München wurde im Zuge der Zeit immer provinzieller.

Aber der bayerisch-barocke Bräuchereigen hielt mich auf Trab, und ich liebte es: das Derblecken der Politiker auf dem Nockherberg, die Filserbälle mit all den Originalen, Waldfeste am Tegernsee, der bunt-barocke Neujahrsempfang des bayerischen Ministerpräsidenten im Kaisersaal der Residenz, der Einzug der Faschingsgesellschaft Narrhalla auf dem berühmten Mathäser-Filmball und die 15 Tage Oktoberfest. Damals gab es längst nicht so viele Firmeneinladungen wie heute („Anstich mit Estée Lauder, Tiffany, BMW und Mercedes"), wo das Terminekarussell vornehmlich PR-Charakter hat. Auch ging man meist in Jeans und Hemd zur Wiesn. Undenkbar, dass man in den 80ern wie ein Pfingstochs in Bling-Bling geglitzert hätte. Aufrüschen war verpönt. In der AZ war Sparen angesagt, dafür die Freude am Job umso größer.

Die Objekte der Begierde lockten hauptsächlich in Bayern, nur ab und zu auch von weiter weg: Nach Berlin zu meiner ersten Berlinale, wo ich dank Jürgen Schau (Columbia Tristar) mit Jack Nicholson essen durfte oder von Regina Ziegler und ihrem unvergessenen Mann Wolf Gremm eingeladen war. Das Filmwissen des Paares war gigantisch, Gremm zeigte mir seinen hochinteressanten Thriller *Kamikaze* mit Rainer Werner Fassbinder. Was für ein Glück, ihn gekannt zu haben.

Noch mal zu den Oscars nach Hollywood, wo die deutsche Chefin der Export-Union Frances Schoenberger, die Auslandsstelle für deutsche Kinofilme, immer die tollsten Vorfeste gab: mit Catherine Zeta-Jones und Armin Mueller-Stahl am Pool, das Hollywoodzeichen direkt neben uns. Da erfuhr ich, dass Zeta-Jones kurz zuvor Fahrerflucht begangen hatte und das energisch auf jemanden anderen abwälzte.

Das Glück, zum Filmfestival nach Cannes zu dürfen, wo die wunderbare Marianne Sägebrecht für Percy Adlons poetischen Film *Out of Rosenheim* gefeiert wurde und unter Jubel die berühmteste Treppe der Welt erklomm. Meine erste Party in einem dieser lässigen Strandlokale, die zu Festivalzeiten das Epizentrum sind, hat mich magisch inspiriert. Das rauschende Meer vor uns und die tollsten

Krustentiere auf dem Tisch, Marianne im Glück. Anderntags war ich selig – spontan mitgenommen zur Party von *Basic Instinct* mit Sharon Stone und Michael Douglas, die Füße im Sand und die schaukelnden Schiffe vor uns. Die erste AmfAR-Gala, damals noch in der idyllischen Moulin de Mougins, faszinierte mich besonders: Oleander- und Parfümduft, ein Meer aus Rosen und Bougainvillea, eine exzentrische Modenschau, wie ich sie noch nie zuvor gesehen hatte. Ein Wagen nach dem anderen spuckte die Topstars aus aller Welt aus, die meisten hatte ich bis dato nur in Hollywoodfilmen oder Modemagazinen gesehen. Ich robbte mich vor zu Liz Taylor, der großen Patin der Aidskranken, sprach mit Starfotografen wie Peter Lindbergh und Mario Testino, die ihre Werke zur Versteigerung gestiftet hatten, trank Champagner neben Elton John und George Michael, konnte nicht genug bekommen von der Szenerie. Und merkte spätestens bei der Rückfahrt, kein Star zu sein: Das Fußvolk lief lange bis zum Shuttlebus, während die Top 100 in Limos an uns vorbeiglitten. Nein, tauschen wollte ich dennoch nie.

Auch eine Einladung zur Bambi-Verleihung war eine Trophäe. Damals jedes Jahr in einer anderen Stadt und, weil ich noch nicht Burda-Eigentum war, unaufgeregter. Die schönsten zwei Rehfeste waren in Wiesbaden, wo ich mit der so wunderschönen Audrey Hepburn sprechen konnte, und im damals noch DDR-zugehörigen Leipzig. Abenteuerlich war die Flugreise in die verschneite Stadt, und auf dem Rückflug gab Fritz Wepper Kaffee aus. War nicht alles auch ein bisschen spontaner als heute? Oder eine wirklich waghalsige Wanderung zur Burg von Reinhold Messner, bei der ich noch einwandfrei mitkam. Der Besuch der spanischen Könige auf Schloss Neuschwanstein, die leidenschaftlichen Dreharbeiten für *Die Supernasen* mit Mike Krüger und Gottschalk im Hotel Palm Beach auf Gran Canaria, wo ich nach wie vor am liebsten hinfahre, oder mit der Modewoche nach Malta, wo der Münchner Unternehmer Bernie Frey Fashion produzieren ließ. Da er hinter Florentine Friedmann, der unvergessenen Tochter meiner Verlegerin, her war, tauschten sie und ich kurzerhand die Zimmer. Seine Enttäuschung war sichtlich groß …

Und natürlich – am liebsten – stand immer wieder Salzburg auf dem Programm. Was gibt es Schöneres als Opern und Konzerte in dieser prachtvollen Stadt, die im Sommer besonders wie eine malerische Kulisse wirkt? Mit Genugtuung entdeckte ich, dass wohl alle Librettos der Welt das beschreiben, was auch meine Aufgabe war: die Liebe, die Treue, die Eifersucht, Familienfehden, Intrigen und Tragödien, Versteckspiele, Mord, Sühne und Seitensprünge – Opern als Spiegel der Gesellschaft. Tosca, die in Me-too-Manier ihren Verfolger ersticht, Romeo und Julia, die sich wegen des Krieges der Familien nicht kriegen können, die Hochzeit des Figaro, Verwirrspiel um Gunst und Begehren. Niemand konnte das besser und humorvoller interpretieren als Loriot in seinen Büchern und später dann als Moderator der glanzvollen Aidsgala, die ab 1996 jährlich in der Berliner Oper beste Stimmen bot.

Die Festspielsommer zogen mich magisch an, hier zwischen Mönchsberg und Burg fühlte ich mich von morgens bis abends wohlig inspiriert. Mit Herbert Rosendorfers *Salzburg für Anfänger* oder Oliver Matuscheks *Das Salzburg des Stefan Zweig* stimmte ich mich ein, und die Vorfreude war groß. Im Reclamheft Stücke lesen vorm Theater, Operndiskussionen, Interviews mit ca. acht Jedermännern, Dinners im Goldenen Hirschen, im Schlosswirt zu Anif oder bei Sacher-Lady Elisabeth Gürtler. Das ganze Gehabe (trotz „Küss die Hand") war viel echter als jeder Ausflug nach Monte Carlo, wo man sich oft so verloren vorkam. Es gab Privatfeste in Schlössern und Burgen, von denen man heute nur träumen kann, und schon damals war mein Draht zur Intendanz perfekt. Später dank Präsidentin Helga Rabl-Stadler und der PR-Fee Ulla Kalchmair sogar noch besser. Die Terrasse des Pressebüros hoch oben mit dem Blick auf die goldenen Kirchtürme, allein das war ein Geschenk. Auch gab es schon die ersten Einladungen von Galeriestar Thaddaeus Ropac, den heutige Kollegen gern als ihre Erfindung bezeichnen, oder einen Ausflug zu Eliette von Karajan ins schöne Haus von Anif. Blühende duftende Wiesen, nebelverhangene Berge, abends die aufgeregten Aufzüge vor dem Festspielhaus, das Rascheln von Taft und Seide, Parfümduft in der Luft, die ganze Leichtigkeit des Seins. Seitdem bin ich süchtig nach der Mozartstadt. Mein komplettes Opern-repertoire stammt aus dieser intensiven Zeit.

Ferien, Feiern und Föhnfrisuren

Und die Familie? Ja, die kam inzwischen nicht mehr zu kurz. Theater oder Geburtstagspartys samt Zauberer mit Max und Tochter Julia, Ausflüge, Staunen im Roncalli-Zirkus von André Heller und Bernhard Paul oder bei David Copperfield im Deutschen Theater, der sich unser fesches Au-pair-Mädchen Carolin für die Nummer als zersägte Jungfrau aus dem Publikum fischte. Ferien an Strandorten in Italien, wo sich Lothar Matthäus als Fußballtrainer der jungen Hotel-gäste von erfrischend unkomplizierter Seite zeigte. Eine wirklich traumhafte Reise auf der Route 66 führte uns von San Francisco über Monterey und Los Angeles bis San Diego. Regine Sixt, deren Kinder etwa gleich alt sind wie unsere, hatte mir für die Reise gute Hotels empfohlen, und in Eichingers Hollywood-Palmenlokal Drais, das es leider nicht mehr gibt, erspähte mein Sohn an der Bar Billy Wilder und sprach ihn einfach an. Er war schon damals so filmversessen wie heute, machte mit 13 Jahren bereits ein Praktikum bei Columbia Tristar, was hauptsächlich aus Verschicken von Käppis bestand. Zuneigung und Liebe ist eben keine Frage von Zeit, sondern von Intensität, lernte ich. Nur bei Anrufen aus der Redaktion war die Idylle oft gestört, das sollte später, bei Bunte, härter werden.
Vieles war anders damals: Zu jedem Termin, ob in Grünwald oder Bogenhausen, fuhr man mit dem eigenen Auto, Taxis waren verboten. Verkehrskontrollen gab es so gut wie nie, und wenn man mal aufge-halten wurde, dann war's mit einem charmanten Lächeln abgehakt: „Fahren'S weiter, aber vorsichtig." Berufliche Einsamkeit, die ich später mitunter in großen Hotels in Monte Carlo oder Paris erfahren sollte, war mir unbekannt. Die AZ fungierte wie eine große Familie, immer wieder konnte man getrost zurückfallen, mit Kollegen sprechen, ohne ausgetrickst zu werden.

83

So gab es natürlich auch null Neid, als die wirklich hoch-
karätigste Einladung des Jahrzehnts reinschneite: die Hochzeit von
Gabriele Leiningen mit dem Ismaelitenoberhaupt, dem Aga Khan.
Das illustre Paar hatte sich über König Juan Carlos von Spanien
kennengelernt und lud netterweise auch viele Münchner zum Mega-
event. Dass ich vornehmlich zum Schreiben eingeladen war, war mir
bewusst, aber es war dennoch großartig. Mit Ehemann und Leihrobe
von Giorgio Armani flog ich nach Paris, der großzügige Bräutigam
hatte uns zur Nacht ins vornehme Hotel Ritz an der Place Vendôme
eingeladen. Ja, die Nobelherberge, von wo aus die unvergessene
Prinzessin Diana und ihr Dodi Al-Fayed die tragische Todesfahrt
antraten. Das Flair, die Blumen, die Stuckdecken, die Verzierungen –
das Hotel faszinierte mich. Früher war ich immer nur einmal
kurz durchs Foyer gelaufen, zum Beispiel vor der Einladung von
Karl Lagerfeld in die Opéra Garnier, nun durfte ich hier schlafen!
Mein Mann hatte Sorge vor dem horrenden Suitenpreis, drehte das
Preisschild im Zimmer kurz um – aber es war nicht nötig, man
war eingeladen. Oft ein Konflikt in der Berichterstattung, aber hier
durchaus angenehm. Im Shuttle fuhren wir abends nach Chantilly,
wo Aga Khan in einem prachtvollen Schloss residiert – vorbei an
Seen und Wiesen, eine herrliche französische Landschaft. Fassungslos inspizierten wir dann die Locations: Empfang im Schloss, Dinner
in einem transparenten Zelt, durch das sowohl der Mond als auch
die in allen Farben angestrahlten Bäume durchschienen. Ambiente
wie Tausendundeine Nacht. Man schlürfte den Champagner neben
dem späteren König Willem-Alexander der Niederlande, die Pariser
Hautevolee wie Rochefoucauld oder Rothschild und internationale
Gäste parlierten bunt durcheinander. Die Tische – ein Blumentraum
wie aus dem Bilderbuch –, und nach dem feinen Dinner tobte an drei
Ecken Tanz: von Disco bis Swing. Ein Fest, das wusste ich, das ich
so kaum mehr erleben würde, war wie ein Traum.
Und auch beruflich war es eine Wende. Da der Bunte-Kolumnist
Graeter wegen Differenzen nicht mehr im Amt war, sollte ich dieses
hochkarätige Jawort nicht nur für die AZ, sondern eben auch für die

Bunte schreiben. Chefredakteurin Patricia Riekel war ebenso Gast gewesen wie ich und bat mich darum. In der Redaktion von Deutschlands größtem Society-Magazin, in der ich die Begum-Hochzeit in Druck gab, spürte ich schließlich einen Tag schon den raueren Wind. Argwöhnische Blicke und Kollegen in Wartestellung, was man nun bringen würde, anders machen könne. Von familiärer Atmosphäre hinein in die Arena. Es war mir mit einem Ruck klar, dass dieses Angebot, Graeter ein zweites Mal zu beerben, kein leichtes werden würde. Ich rief ihn an, er sagte, er sei noch im Vertrag, und ich sagte das Angebot erst mal ab. Angst ist sicher der Feind des Erfolgs, das wusste ich. Zu viele hatten sich in die Entscheidung eingemischt. Einer meinte sogar, ich müsse jetzt nur noch schreiben, mit wem er schläft und nicht, was er dreht … Und so blieb ich noch ein Jahr bei der AZ, aus Feigheit, Bequemlichkeit, wie auch immer. Vielleicht ahnte ich, dass das Angebot noch einmal kommen würde.

So kam es, dass ich Kollegen aus beiden Redaktionen sowie viele Freunde zu meinem 50. Geburtstag ins Arri-Studio einlud. Film und Fasching, eine fantastische Mischung, wie ich fand, und bat alle, als Filmfigur zu kommen. Schon den 40. hatte ich gefeiert, mit Gottschalk, Dietl, Siegel und vielen mehr in Kays Bistro, damals der Hotspot schlechthin. Diesmal jedoch kamen an die 200 Gäste, Stefan Schneider und Jürgen Hermann waren großartige Discjockeys, und jeder hatte sich so wunderbar verkleidet, dass es eine Freude war: Spio-Chef Steffen Kuchenreuther als der letzte Kaiser von China, Michaela May als Charlie Chaplin, Barbara Valentin und Ottfried Fischer als sie selbst und ich als Liza Minnelli. Ein heiteres Fest mit vielen Überraschungen. Als dann schließlich auch noch Rudolph Moshammer kam – mit seiner Mama Else, stotterte ich: „Die habe ich doch gar nicht eingeladen." Das schillernde Paar entpuppte sich als Starvisagist Horst Kirchberger, der als Mama Else auf Knieschonern in den Raum rutschte, und seine Assistentin Iris als Mosi. Der Coup war geglückt, sie waren das Highlight der Party. „Ich habe Else Moshammer so oft geschminkt, daher konnte ich meine Maske so haargenau ähnlich gestalten", erklärte Kirchberger. Nach diesem tollen Fest habe ich nie mehr Geburtstag gefeiert, ein paar Mal war ich an dem Tag ohnehin im Flieger auf dem Weg in die USA, was den Birthday um neun Stunden verlängerte.

Apropos Kirchberger: Noch oft sollte er mir in den nächsten 20 Jahren behilflich sein, die Spuren der Nächte zuvor wegzuzaubern. Keine Bambi-Verleihung, kein großes Fest war ab sofort ohne ihn und das A&T-Team denkbar. Mit 50, das sah ich ein, musste man etwas nachhelfen. Lifting, das wäre für mich nie infrage gekommen, aber eben mit tollen Horst-Tricks oder Wundermitteln von Timm Golüke. Warum Schnitte für mich nicht opportun waren? Schon damals gab es schreckliche Beispiele von missglückten Eingriffen bei Freundinnen oder Society-Ladys. Vor allem bei Ladys, die erheblich älter waren als ihre Männer, verjüngt hat es keine. Die Beispiele sollten sich mit den wulstigen Lippen und den Schnabelmündern ab 2000 noch drastisch verändern …

Ewig jung sein, das war auch für Friseure eine immense Herausforderung. Man kam ab von den toupierten Helmfrisuren und kreierte den lässig-zufälligen, mitunter gar zerzausten Haarlook à la Meg Ryan. Toupieren macht alt, so das Credo …

Gerhard Meir war es auch, der mich an meine Worte von '93 erinnerte, ich hatte sie schon vergessen, aber sie gelten heute nach wie vor: „Ob ich als Reporter hinter oder vor der Kordel stehe, bricht mir keinen Stein aus der Krone." So stand ich auch mit den Pressekollegen bei minus 18 Grad vor der Wallfahrtskirche von Mariazell, Österreich: Im kältesten Winter gaben sich Otto von Habsburgs Sohn Karl und Heini von Thyssens Tochter Francesca das Jawort. Der Brautvater trug eine originelle Felluniform, die Gäste bibberten vor Kälte. Es hat richtig geklirrt vor Eis. Ein netter Graf erbarmte sich schließlich und holte mich mit rein zum Empfang, wo mich ein Bullshot (Rinderbrühe mit Wodka) wieder zum Leben erweckte.

Das waren die Momente, in denen ich mich mitunter fragte: „Was mache ich hier eigentlich? Warum fahre ich Hunderte von Kilometern und friere mir einen ab für eine K.-u.-k.-Hochzeit, warum kümmere ich mich um die Liebschaften, um die Kleider, die Frisuren, Feiern und

Sorgen anderer? Ist das wirklich ausfüllend? Und den Stress wert? Ich weiß nicht, ob Redaktionen das überhaupt wahrnehmen, was man da so alles auf sich nahm. Vielleicht war ich auch immer ein bisschen zu ehrgeizig.

Das *bunte Leben* *1999* bis *2016*

Ich hatte mich dann letztendlich doch getraut. Den Unken-
rufen der Kritiker, die mich mehr zwischen den Alpen und
dem Bodensee sahen, sowie denen, die mich vor dem Bunte-
Klima gewarnt hatten, zum Trotz. Ein Filmproduzent prophezeite:
„Pass mal auf, da wirst du nicht über unsere Filme schreiben, sondern
eher, mit wem wir ins Bett gehen …" Ein SZ-Kollege meinte sogar:
„Dort wird dein Artikel erst mal auf den Kopf gestellt. Hoffentlich
kriegst du Schmerzensgeld." Es kam erfreulich anders.

Die Chefredakteurin bot mir, immerhin war ich schon 50, eine
Riesenchance. Ich schätzte sie, kannte sie seit vielen Jahren und
vertraute ihr. Mit ihr staunte ich schon, als Anfang '93 die Taufe
von Helmut Markworts Magazin Focus mit einem großen Fest in der
Muffathalle gefeiert wurde und Verleger Hubert Burda ganz aus dem
Häuschen war vor Freude.

Es war eine neue Herausforderung mit einem Megaradius über die
ganze Welt. Hieß meine Kolumne bei der AZ früher noch *Leute*,
was bedeutete, dass vom Wiesnwirt bis zum Ministerpräsidenten
alles drin war, so bekam sie nun durch die Rubrik *Society* einen
internationaleren Anstrich, auch wenn das nicht immer der Fall war.
Society = Gesellschaft, sprich: eine größere Gruppe, deren Mitglieder
durch gemeinsame Sprache, Werte, Überzeugungen, Traditionen
und Erfahrungen verbunden sind. Die also galt es jetzt weltweit
zu sehen. Und zu beurteilen, ob es sie überhaupt noch gibt. Schon
damals war es nicht so leicht, die Grenzen zu orten.

Der Einstand in dem Verlagshaus, in dem ich schon zu AZ-Zeiten
öfter ein und aus ging, unter anderem für Treffen mit Medienzar
Malcolm Forbes und Verzauberer André Heller, war dann sehr viel
softer als befürchtet und das Willkommen durchaus herzlich: mit einem
etwas übertrieben lobgehudelten Artikel samt Mammutfoto, dass
man froh sei, mich im Boot zu haben, einer herzlichen Begrüßung
durch Patricia Riekel im Konferenzraum, mit Blumen auf dem
Schreibtisch. Mein Büro war halb so groß wie jenes, das man mir im
Vorfeld gezeigt hatte, und auch sonst war vieles neu im Bunte-Bunker
an der Arabellastraße. Nachrichten, die ich früher bei der AZ täglich

lancieren konnte, mussten eine Woche warten, statt eines festen Fotografen beauftragte die Redaktion Agenturen, und auch die Art der
Konferenzen war gewöhnungsbedürftig. Im Eiltempo ging's um die News
und Fotos des Tages, und dann spitzten die Alphatiere – Paul Sahner,
Axel Thorer, Thomas „Doc" Schneider oder Michael Kneissler – die
Inhalte der geplanten Geschichten bereits im Vorfeld zu. Wie alles
Neue fand ich das megaspannend, erst sehr viel später machten mich
diese Meetings samt Abfragerei und scharfer Be- oder Verurteilung
wildfremder Menschen durch 30 Redakteure etwas beklommen.

Auch die Zeiten und der Lifestyle hatten sich geändert. Auf die Jahre
der Rebellion und Freiheit folgten nun Moralisierung, Political
Correctness, Cashmere ersetzte Hippielook. Ikonen wie Claudia Schiffer
heirateten und zogen sich mehr ins Privatleben zurück, dafür
erklommen die Engel von Victoria Secret internationale Laufstege.
In New York verdrängten Kosmetikläden alte Buchgeschäfte, Schön-
heits-OPs wurden zur Volkskrankheit. In Berlin lebten die alten
20er-Jahre wieder auf: Bei Premieren unterm Glasdach des Sony
Centers, vor allem aber bei Dieter Kosslicks Berlinale, funkelte die
Hollywoodelite, und Galas für den guten Zweck kamen in Mode.
So trommelte Schwedens Königin Silvia für ihre Childhood-Stiftung
in Berlin, wo auch die Queen ein Konzert in der Philharmonie
zugunsten der Dresdner Frauenkirche krönen sollte – die Antwort
Englands auf das Bombardement des letzten Weltkriegsjahres. Ja,
auch ich bekam einen Handshake! Dass ich der Queen die Hand geben
konnte, war reiner Zufall. Elizabeth II. absolvierte im Zickzack-
kurs eine Art Spalier zwischen den geladenen Gästen. Zick – war sie
schräg gegenüber, zack vor mir, der Knicks fiel entsprechend ange-
deutet aus, schwer beeindruckt war ich von ihrer Ausstrahlung und
ihrer Ausdauer.

Die Berliner Fashion Week schöpfte in den originellsten Locations
von Hafenkneipen bis zu stillgelegten Werkshallen aus dem Vollen,
und mithilfe von Isa von Hardenbergs Gästeliste wurde die Eröffnung
des Jüdischen Museums in Kreuzberg zum kulturellen und gesellschaftlichen Must des Jahres. Es war eindrucksvoll, wie sich in der

ergreifenden Architektur von Daniel Libeskind die Politiker und die Kulturelite schweigend auf dem schiefen Boden durch den „Garten des Exils" und tastend durch den „Holocaust-Turm" bewegten, in den durch einen winzigen Spalt nur ein wenig Licht eindringt – ein Moment der Beklemmung und des Innehaltens, nicht nur wegen der Dunkelheit. Die Eröffnung war verschoben worden, da zwei Tage zuvor in New York das größte Drama aller Zeiten die Welt in Angst versetzt hatte: der Flugzeugangriff auf das World Trade Center, das Pentagon und der zeitgleiche Absturz einer vierten Passagiermaschine in Pennsylvania. Da ich für Berlin eingeteilt war, wurde ich in New York kein Augenzeuge des Terrors – Armani hatte unweit des Attentats zu einer Show eingeladen, und Kollegen, die hingeflogen waren, mussten über ein Zeltlager in Halifax umgeleitet werden. Von diesem Schrecken hat sich die ganze Welt bis heute nicht erholt.

Der Wurf in die große weite Welt

Die Credos von Verleger Hubert Burda „Connect the unexpected" oder „Die Ökonomie der Aufmerksamkeit" gefielen mir. Sie passten so gut zu der Arbeit mit den Menschen, mit denen ich zu tun hatte: den Schauspielern, Salonlöwen, Kreativen, Karitativen. Der Radius der Stars, Society-Kings, „Mehrscheiner" oder Tiefstapler, Denker und Macher, Intriganten und Intellektuellen vergrößerte sich schlagartig. München war plötzlich nur noch stecknadelgroß, ein winziges Staubkorn. Das Konzept „Ökonomie der Aufmerksamkeit", dem so gut wie alle frönen, die in der Öffentlichkeit stehen, kommt ursprünglich von Georg Franck, der schreibt: „Was gibt es Aufregenderes als den Beifall, der einem entgegentost. Darum steht der Ruhm über der Macht, darum verblasst der Reichtum neben der Prominenz. Auflagenhöhen und Einschaltquoten messen die Aufmerksamkeit." Eine wahre Erkenntnis, die weltweit gültig ist.
Hubert Burdas Ansage bestimmte unsere Art der Berichterstattung: „Das Magazin will ‚positive thinking', es soll ablenken, unterhalten

und Auf- und Abstiegsprozesse beobachten." Die Themenvielfalt faszinierte mich ebenso wie die Mixtur meiner Society-Rubrik, die wöchentlich aus rund 20 Seiten aus aller Welt bestand und wie ein großes Mosaik zusammengesetzt war: Liebe (was mir immer das Liebste war), Partys, Gerüchte, Geheimnisse, Bälle, Preisverleihungen, Privatfeste, Kunst- und Buchmessen, Reisen. Dankbar war ich, dass Kollegen aus Berlin, Köln, Hamburg, New York, Paris, London und Los Angeles mithalfen, bunte Steinchen zu liefern, im Alleingang wäre das unmöglich gewesen. Der Name Bunte öffnete Türen, die ich zuvor nicht kannte, auch hatte Chefredakteurin Riekel das Image innerhalb eines Jahres erheblich vergoldet: Stars und Salons öffneten sich wieder, eine neue Blütezeit brach an. Und da ich viele Menschen wie Mario Adorf, Iris Berben, Christine Kaufmann, Hannelore Elsner, Bernd Eichinger, Helmut Dietl, Friedrich von Thun, Michaela May, Klaus Doldinger, die RTL-Chefs Helmut Thoma und Hans Mahr, die Filmleute Bob Arnold, Otto Retzer, Jürgen Schau und Eberhard Hauff, Fritz Scherer (FC Bayern) und Franz Beckenbauer sowie Mister Music Egmont „Monti" Lüftner bereits aus AZ-Zeiten kannte, war der Auftakt spielerisch leicht. Manche wie der künftige Columbia-Tristar-Chef Martin Bachmann oder Thomas Gottschalk schrieben mir aufmunternde Briefe, und ich wusste: Einladungen galten wie schon zuvor dem Medium und nicht mir persönlich. Das und auch mein Allgäuer Naturell bewahrten mich vor etwaigen Höhenflügen in dieser guten, fruchtbaren Ära.

„An Scheißdreck schreibst"

Gutgläubig und ein bisschen blauäugig war ich immer schon gewesen, aber nun war diese Eigenschaft wirklich nicht mehr angebracht. Dennoch machte sie mir immer wieder zu schaffen. Zum Beispiel, wenn es um Privatinfos oder Kontakte ging, die ich kollegial weitergab, oder um noch nicht ganz reife Geschichten. Das sollte ich bei meinem ersten Filmball bei Bunte im Jahr 2000 erfahren. Sichtlich genervt saß da der gefeierte Starregisseur Helmut Dietl im scheuen Abstand zur Ferres, die in Hellrosa an diesem Abend etwas blass wirkte. Um zwei Uhr früh, wenn sich beim Ball der Bälle erfahrungsgemäß die Zungen und die Sitten lockern, setzte ich mich neben Dietl an den Constantin-Tisch und fragte: „Was ist denn los bei euch?" „Wir trennen uns", sagte er trotzig und nahm einen großen Schluck Rotwein. Eine Antwort wie eine Schlagzeile, und gleich klingelte es bei mir. Man müsste das sofort online stellen, niemand außer mir hatte diese News aus erster Quelle bekommen. Und ich tat etwas, was vielleicht dumm, aber ethisch richtig war: Ich rief ihn am nächsten Morgen noch mal an, weil sich unsere gestrige Unterhaltung schließlich weit nach Mitternacht abgespielt hatte. „An Scheißdreck schreibst", herrschte er mich an. Sofort fragte ich mich: Will er das wirklich nicht, oder ist das eher Koketterie? Eine Frage, die ich mir später noch oft stellen sollte. Sagt der Prominente etwas Gravierendes zu einem Journalisten, muss er wohl stets damit rechnen, dass es ins Heft findet. Oder er will es geradezu. Ich rief Ferres an, die traurig wirkte. Aus Berlin war zu erfahren, dass Dietl zu dem Zeitpunkt schon länger mit der Journalistin und Autorin Tamara Duve zusammen war, die ihm später als seine Ehefrau so guttat.

Ach so, so standen also die Dinge. Ich sprach die Geschichte mit den Chefs ab, und sie ruhte erst mal. Heute, meine ich, würde ich so was gegebenenfalls gleich raushauen. Wir hatten die Story schlussendlich doch und später den neuen Freund der Ferres dazu: Martin Krug. Man hatte sich am Rande der Formel 1 in Monte Carlo kennengelernt, vorgestellt von Mercedes-Manager Norbert Haug. Krug, der aus dem Nichts kam und Vroni zur Mutter machte, fiel mir schon beim ersten Gespräch als überaus fordernd auf. „Wenn ihr das und das nicht berücksichtigt, gibt's Megaärger vom Anwalt", drohte er gleich. Warum? Vielleicht wollte er nicht, dass wir sein Leben genau durchleuchten, was mir später gut einleuchtete.

Noch mal zurück zur Filmnacht: Dem Freund eines Friseurs gegenüber sollte man diskret sein, erfuhr ich anderntags und frühmorgens auf dem Flughafen, wo ich redselig über die Neuigkeiten geplaudert hatte. Ich war auf dem Weg nach Los Angeles zu einer Einladung von Produzent und Oscarpreisträger Arthur Cohn, der gemeinsam mit Michael Douglas seinen denkwürdigen München-film *Ein Tag im September* in der Academy präsentieren wollte. Der Friseurfreund muss also gepetzt haben, denn plötzlich recher-chierte in Sachen Ferres/Dietl noch ein anderes Magazin. Man sollte, das erfuhr ich, einfach gar niemandem trauen, was letztlich traurig ist. Im Laufe der 40 Journalistenjahre beschränkte sich das immer mehr. Schade: Denn Misstrauen ist kontraproduktiv.

Hollywood mit Cohn, das war ein Ritterschlag. Er kannte alle im großen Filmzirkus, auch im Beverly Hills Hotel war er der König. Das typische magische rote Licht erwartete uns bei der abendlichen An-fahrt, über uns schaukelten sanft die Riesenpalmen, und nach einem kurzen Stopp im Zimmer ging's dann – in Schale geworfen – sogleich zur Premiere. Sehr viel Filmprominenz war da: Michael Douglas mit seiner wahnsinnig erotischen Stimme, sein Vater Kirk (welch Legende!), Catherine Zeta-Jones, die in Wirklichkeit noch besser aussah als auf Fotos, Veronique Peck, Witwe von Gregory Peck, den ich einst von der Zimmerwand im Internat abhängen musste. Cohns beklemmendes Werk über das Münchner Olympiaattentat schlug ein, der Applaus war wie ein Orkan. Wenig später bekam er den Oscar dafür, einen seiner sechs Goldmänner. Und es folgten hochinteressante, intensive Tage. Großartig war es, die hochbetagte Mutter von Steven Spielberg in ihrem originellen Restaurant kennenzulernen, in Malibu die Gottschalks zu besuchen oder die magenunfreundliche kurvige Straße nach Palm Springs raufzufahren, wo Udo Kier, der deutsche Bösewicht, eine historische Bibliothek bewohnt und Friedrich Karl Flick mit seiner Ingrid zum Abendessen lud. Wo ich schon mal da war, nutzte ich die Chance, meine ersten Golden Globes zu erleben. Die Preisverleihung der in Hollywood akkreditierten Auslandsjournalisten als heißer Auftakt einer spannenden Awardsaison hat mir in ihrer Lässigkeit und Nahbarkeit fortan immer besser gefallen als die Oscars. Keine Kordel trennt hier die Spreu (wir) vom Weizen (die Stars), jeder lässt sich einfach schulterklopfend anquatschen. Und ich mittendrin:

94

vor mir der schöne Rücken von Nicole Kidman, neben mir Tom Cruise, der einen Schreisturm bei den Zaungästen in den Tribünen überm roten Teppich auslöste. Manager und Publicists, bei den Oscars so scharf wie Terrier, geben sich hier zahm wie im Streichelzoo. Es war das Jahr von *Aimée und Jaguar*, dem Liebesfilm von Max Färberböck mit Juliane Köhler und Maria Schrader, nominiert für die Kategorie „Bester fremdsprachiger Film". Zwar gingen sie leer aus, aber so weit zu kommen, ist schon beachtlich. Aus dem Staunen kam ich gar nicht mehr raus. Kaum war die letzte Trophäe vergeben, eilte die Menge aus dem Festsaal und ergoss sich in alle Richtungen des Beverly Hilton Hotels. Treppauf, treppab, hinein in Lifte, und alle mit einem Bündel Tickets in der Hand. Die Stimmlage aufgeregter Ladys war ohrenbetäubend, ein Gesumme wie in einem gigantischen Bienenhaus, das vorbei am Maschinenraum zur Kellerparty von Miramax waberte. Was waren damals noch alle gierig drauf, beim Filmmogul Harvey Weinstein, dem inzwischen Geächteten, mitzufeiern. Dann ging's rauf, dem Chlorgeruch nach an den Pool zur HBO-Party, Grillduft wies den Weg zum Barbecue von Warner und dem Magazin InStyle auf dem Dachgarten. Wie elektrisierend, alle Stars an Bars und auf Dachterrassen hautnah zu erleben, etwa sexy Sharon Stone, die sich nach dem Macher meines Abendkleides erkundigte – es war von Talbot Runhof, made in Munich. Dank Frances Schoenberger lernte ich Ben Affleck, Jon Voight (Angelina Jolies Vater), Robert de Niro und viele mehr kennen – natürlich immer nur amerikanisch flüchtig –, und nie vergesse ich das Bild des vor sich hinträumenden Bob Dylan, der einen Globe für seine Filmmusik bekommen hatte. Wie üblich trug er auch an diesem Abend seinen Hut und sah so aus, als wolle er am liebsten gleich nach Hause. Schade, dass ich nicht nach einem Autogramm gefragt hatte, seines und das vom völlig unverhüllten Michael Jackson hätten meinen Kindern gefallen. Egal, wie spät es wurde – müde, das war ich in Hollywood nie.

Die Mühle der Eitelkeiten

Zurück in good old Munich und reich an Impressionen hatte mich die „Mühle" wieder. So nannte Michael Graeters Sekretärin Marlies Roth, die für ein gewichtiges Mitglied der Chefredaktion und mich zuständig war, den Bunte-Ablauf. Die Mühle – hier heißt es aufpassen, dass man nicht monoton oder gar zermahlen wird. Ihre Doppelaufgabe – „Diener zweier Herren" frei nach Carlo Goldoni – bewältigte Marlies perfekt, aber dennoch hatte das Ganze einen kleinen Haken: Wer für mich anrief, war kein Geheimnis mehr, und nach Dienstschluss beantwortete der Kollege die Telefone und brüllte bei Nachfragen nach mir gern über die Freisprechanlage: „Um die Zeit sitzt die doch längst beim Champagner …" Ganz schön frech: Erstens wurde Champagner auch damals selten gereicht, und zweitens war es ja meine Aufgabe, Partys zu besuchen und Kontakte zu pflegen, oder etwa nicht? Nachdem mir Freunde davon berichtet hatten, bat ich sie, in Zukunft auf dem Handy anzurufen.

Es blies eben ein schärferer Wind. Weil ich mit der Chefredakteurin gut konnte und auch ab und zu bei ihr oder beim Verleger eingeladen war, erschien ich manchem wohl suspekt. In der Gunst zu stehen, hat Vor- und Nachteile. Die Gunst der Stunde ist verführerisch, wehe jedoch, wenn Missgunst aufkommt. Wie schnell ist der Günstling dann nicht mehr im G(D)unstkreis.

Aber alles gut, es lief ja rund. Ich fühlte mich wohl bei meinen Aufgaben im Fegefeuer der Eitelkeiten. Immer wieder stellte ich mir die Frage: Prägt die Gesellschaft die Zeitschrift oder umgekehrt? Was wollen die Leser wirklich?

Erstaunlich, wie viele Stunden man am Stück vorm Computer sitzen kann und wie viele Stunden so ein paar Seiten kosteten. Die vielen Bilder und überschaubaren Texte wirken immer so einfach, doch die Arbeit, die dahintersteckt, ist schwer intensiv. Es geht darum, Bilder auszusuchen, sie mit dem Layouter zu besprechen (ich hatte viel Glück mit den Kollegen Jan Nienborg und Werner Wildermuth sowie mit Thomas Spitznagel, Bernie Schulz und der „Redaktionsperle"

Andrea Stautner), und dann heißt es warten und warten. Spielerisch leicht war die von vielen als seicht eingestufte Art des Journalismus mitnichten. Die Beschreibungen, wie andere feiern, leiden und lieben, sollten ja meiner Meinung nach wenigstens ein bisschen würzig und amüsant rüberkommen und nicht aus einer Aufzählung von Namen und Menüs aus 15 Zeilen bestehen. Neu war mir, dass wir manche Prominente nicht im Foto zeigen durften, weil sie aus irgendeinem Grund in Ungnade gefallen waren. Meinem Mann konnte ich oft kaum erklären, warum ein Arbeitstag schon wieder so lange dauerte, denn neben den Society-Seiten gab es vermehrt große Reportagen zu recherchieren. Im Vertrag stand zwar: Geschichten im vorderen Teil des Heftes sind Ausnahmefälle, die jedoch wurden bald zur Regel. Und ich sagte ungern nein – ein Fehler?

„Kleine Gefallen sind große Fallen, die Seuche, gefallen zu wollen, ‚disease to please‘ ist gefährlich", behauptet Rolf Dobelli in seinem Buch *Die Kunst des guten Lebens*. Da ist was dran. Du kannst nicht immer Everybody's Darling sein, sonst kippt es. Ich legte Urlaube um oder kam früher zurück, wenn Not am Mann war, telefonierte leidenschaftlich aus den Ferien, wenn ich eine Neuigkeit erfahren hatte wie die heimliche Hochzeit von Milliardärin Maria-Elisabeth Schaeffler oder die Trennung von Ernst August von Hannover von seiner Freundin Simonetta. Einen unzufriedenen Kollegen tröstete ich mit Einladungen nach Venedig oder Salzburg und half mit Infos über Hochzeiten oder Feste. Mit Patricia Riekel machte ich wegen Gloria von Thurn und Taxis sogar mal bis morgens um acht durch: Nach ihrem verheerenden „der Schwarze schnackselt gern"-Ausrutscher in der TV-Talkshow von Michel Friedman musste sich Gloria hochnotwendig in einem Magazin erklären und tat dies über Mitternacht bei uns. Es wurde, bei Unmengen von Sushi und Kaffee, eine sehr ehrliche und wichtige Beichte, und die Sache war nach dem Interview quasi aus der Welt. Ja, zu unbedacht und undiplomatisch sollte man nicht sein, daran muss ich selbst noch heute arbeiten. Ich liebe Glorias Offenheit und ihr Lachen, wenngleich ich ihre Ansichten nicht immer teile.

Es gab Lob für die exklusive Hochzeitsstrecke mit prachtvollen Fotos von Corinne Müller-Vivil mit Kunstsammler Gert Rudolf „Muck" Flick, das Hochzeitsfest in London war äußerst edel. Und einen stattlichen Blumenstrauß von Hubert Burda himself, dem offenbar gut gefiel, wie ich den Besuch der Hannoveraner Ernst August und Caroline auf der Eröffnung der Weltausstellung beschrieben hatte. Es war aber auch wirklich schräg, wie die beiden, die immerhin so hießen wie die Stadt, total vereinsamt beim Galadinner platziert waren, Gerhard Schröder und Veronica Ferres am Nachbartisch. Hätte man die nicht alle zusammenlegen können? „Pleiten, Pannen, Prinzen" hieß die von mir kreierte Überschrift, und das traf offenbar den Nerv. Prinzen und Pannen, der Adel in Bedrängnis oder in lächerlicher Situation – der Stoff, aus dem die Bunte-Träume auch waren. Neben den vielen Huldigungen in Berichten über Königshäuser war das eine durchaus prickelnde Mischung und Alternative.

Nestbeschmutzung

Adel ad absurdum. Das sollte ich noch öfter erleben. In Konferenzen beispielsweise.

Montage waren für keinen rosig von uns, die wir um acht Uhr früh stramm in der Konferenz sitzen mussten. Früher war ich viel ins Theater gegangen, Resi, Lach- und Schießgesellschaft und Kammerspiele, aber nun gab es Kabarettstückchen gratis. Nach den verlesenen Nachrichten aus aller Welt kam dann die gefürchtete Abfrage. Trennungen liebten die Chefs, dicht gefolgt von Finanzskandalen. Manche hatten immer ein Thema auf der Pfanne, manche nix. Einige waren mitunter flexibler in ihrem Angebot: „Wie Sie es wünschen", hörte man. „Ich kann's so oder so schreiben." Lähmende Stille breitete sich aus.

„Gibt's nicht 'ne kleine Schweinerei aus dem Adel?", hieß es plötzlich. Was auch immer damit gemeint war … Ich zuckte zusammen, spürte Blicke. Gott sei Dank hatten wir einen Adelsexperten, der sich bei Chris O'Neill und Máxima bestens auskannte, nie ein Blatt vor den Mund nahm und immer einen Skandal parat hatte. Der Kelch war an mir vorübergegangen.

Geschichten über Stars, Filme und über die Liebe hatte ich immer viel lieber als Gerüchteküchen aus Schlössern. Schließlich war ich Journalist geworden, nicht weil, sondern obwohl ich adlig bin. Hürde statt Hilfe. Die Angst davor, ein Nestbeschmutzer zu sein, kam vielleicht daher, dass mich Ernst August von Hannover mal mit „Fuck you!" anzischte. Ich verstand das in gewisser Weise und verzieh ihm. Bei der Beisetzung seines Bruders, der sich angesichts des Drogentodes seiner jungen Frau das Leben genommen hatte, waren Fotografen auf Äste geklettert und auf denselben abgestürzt und knipsten alles nieder, was des Friedhofsweges daherkam. Ich hatte da zwar nicht mitgemacht, aber ein Porträt über Ernst August und seinen Stammbaum geschrieben. Diese Pressephobie hat der Prinz lange nicht überwunden, aber sehr viel später offenbar vergessen. So kam es, dass er mich bei einer Party auf dem Oktoberfest vor drei Jahren an seinen Tisch bat, mir seine Freundin vorstellte und plötzlich der vorbildliche Gentleman war.

Bei Hochzeiten oder Einladungen der Wittelsbacher oder anderer Adelsfamilien fühlte ich mich stets willkommen, einer von ihnen meinte: „Gut, dass du es schreibst, du kennst wenigstens die Namen …" Im Grunde gab es nur zwei ältere Ladys aus dem Hochadel, die meinen Job so gar nicht goutierten – und das auch demonstrativ zeigten. Ehrlich gesagt war „Enthüllung bei Adel" ohnehin nicht so mein Ding, ob bei Bismarcks in Friedrichsruhe, bei Liechtensteins in Vaduz oder bei Fürstenbergs in Donaueschingen, was dazu führte, dass es im Zuge einer Adelsskandalrecherche im kleinen Kreis oft hieß: „Aber ja nix der Waldburg sagen …" Die Leute vorzuwarnen, wäre mir nie im Traum eingefallen. Schade, dass Nathalie von Bismarck ihr Filmprojekt über ihre Vorfahrin Ann-Mari von Bismarck nicht mehr realisierte. Die eiserne Gräfin, die Tausende von Juden nach Schweden rettete, wäre ein Filmstoff à la *Schindlers Liste* geworden. Aber Nathalie wanderte samt drei Kindern nach ihrer Scheidung von Graf Calle aus, und Produzent Harvey Weinstein, der sich für den Stoff interessiert hatte, kam nicht mehr dazu.

Meine Mutter hatte keine Ahnung, dass sie Zwillinge erwartete, und als ich eine Stunde nach meiner Schwester Elisabeth (rechts) auf Schloss Wolfegg im Allgäu zur Welt kam, war die Überraschung groß und das halbe Dutzend Kinder perfekt.

Der Schreibtisch voll und die Wand gespickt von Bildern: Nach einem Jahr in der Münchner Abendzeitung war ich 1977 im Großraumbüro süchtig nach Geschichten über spannende Menschen der bayerischen Hauptstadt.

Schauspielerin Iris Berben, heute Präsidentin der Filmakademie, war als eine der schönsten Frauen Deutschlands die Krone jeder Party, hier mit La-Cave-Chef Eberhard Rüsch, Kultfigur der 70er und 80er Jahre.

Jede Nacht Highlife war in Kays Bistro am Viktualienmarkt. Um zur Premierenparty von Leonard Bernstein nach der *West Side Story* zu kommen, verkleidete ich mich als Kellnerin. Als Gastdirigent des Symphonieorchesters des Bayerischen Rundfunks war „Lenny" ebenfalls hoch angesehen.

Die Sweetheart-Designer Rolf Albrecht (vorn) und Bernd Stockinger (verdeckt) kleideten in den 70er und 80er Jahren die Society von Mirja Sachs bis Brigitte von Boch ein, außerdem statteten sie mit ihren Fantasielooks alle Filme von Helmut Dietl aus. Das Ende 1999 verstand keiner.

Zuhören konnte ich immer gut, vor allem bei so hochinteressanten Menschen wie Gert Fröbe, Weltstar seit seiner Rolle als James-Bond-Gegenspieler in *Goldfinger*. Er signierte mir seine Memoiren.

Als durchsickerte, dass Hollywoodstar Richard Burton in der Residenz für *Steiner* drehte, schlich ich mich ein. Das wäre mit den heutigen Sicherheitsvorkehrungen kaum mehr möglich. Von da an verstand ich Liz Taylor, die ihn zweimal heiratete – sein Charisma war gigantisch.

Für das AZ-Feuilleton durfte ich ein Interview mit Starregisseur Federico Fellini
(*La Strada*, *Das süße Leben*) führen,
nach dem opulenten Lunch im damals so
angesagten Boettners begleitete ich ihn
ins Hotel Vier Jahreszeiten zurück.

Über Nacht wurde Franz Xaver Kroetz 1986 als Baby Schimmerlos in der Dietl-Serie
Kir Royal berühmt. Der Regisseur, dem ich einige Storys aus dem Leben eines
Kolumnisten verriet, baute mich in kleiner Rolle in die Serie ein.

Die junge Gloria Gräfin von Schönburg-Glauchau und Johannes Fürst von Thurn und Taxis lagen perfekt auf einer Wellenlänge, auf ihrer Hochzeit 1980 auf Schloss Emmeram in Regensburg war ich ebenso eingeladen wie auf vielen folgenden Festen.

Sie lernten sich auf Glorias Hochzeit kennen: Milliardär Friedrich Christian (Mick) Flick und Glorias Schwester Maya. Ihre Hochzeit in der Salzburger Residenz der Erzbischöfe war ein Society-Höhepunkt und auch nach der Scheidung sind die Eltern von drei Kindern bestbefreundet.

Er inszenierte und verstand die Models der Welt: Allround-Künstler Gunter Sachs fotografierte, sammelte Kunst, schrieb kluge Bücher und war auf seinen Besitzen von St. Tropez bis New York der beste Gastgeber der Nation. Er fehlt sehr!

Selten waren Telefonaktionen in der AZ so wild und heiter wie mit Regiestar Rainer Werner Fassbinder: Angie Dullinger (r.) und ich nahmen die unzähligen Anrufe entgegen, RWF antwortete auf den Punkt. Am 10. Juni 1982, wenig später, starb der Getriebene viel zu früh.

Coole Glanzjacken: Gespräche mit Popstars wie hier mit Rod Stewart waren mir so kostbar wie Filmpremieren oder Filmbälle. Anfang der 80er Jahre gastierten die Größten der Branche in München und ohne Leibwächter waren sie hautnah „einnehmbar".

Sie war eine der schönsten Frauen der Welt und die Männer rissen sich um sie:
Karin Feddersen, hier beim Dreh mit einem Fassbinder-Darsteller.

Ich machte beide miteinander bekannt: Veronica Ferres lernte Starregisseur Helmut Dietl
auf einem AZ-Sternefest kennen und wurde 1990 seine Muse (*Schtonk*) und Geliebte,
zu den Oscars zwei Jahre später kamen sie gemeinsam, gingen aber leider leer aus.

Seine Auftritte waren stets Highlights: Sir Peter Ustinov konnte solo ein ganzes Orchester
intonieren und begeisterte Millionen von Fans. Nach unserem „Tanzsturz" beim Narrhalla-
Ball im Hotel Bayerischer Hof wurden wir best friends.

Was man damals so alles anzog … Bundespräsident Richard von Weizsäcker, hier bei einem Dinner im Bellevue-Palais, gefiel mir immer als kluger Gentleman ohne eine Spur von Hochmut.

Wow Whitney: Zum runden Geburtstag von Mister Music Monti Lüftner kam eigens Mrs. Houston aus Amerika eingeflogen. Von Drogen war noch keine Spur und zu später Stunde sang sie für den Jubilar, der sie einst entdeckt hatte. Das vergaß sie ihm nie.

Feiern im Münchner Franziskaner, das mochte Deutschlands reichster Mann Friedrich Karl Flick (2.v.r.), hier mit Prinz Leopold (Poldi) von Bayern, Verleger Hubert Burda, Harry Lindmeyer und Doris Brugger.

Erst porträtierte er eine Schönheiten-galerie für die AZ, dann tanzte er beim Filmball im Bayerischen Hof: der Wiener-Schule-Maler Ernst Fuchs. Wie einsam er starb, hat mich sehr berührt.

Mit Thomas Gottschalk bei einer Wagner-Premiere in Bayreuth. Der Starmoderator, bei dem ich auch privat eingeladen war, gefiel mir immer wegen seiner Schlagfertig-keit, die niemanden verletzte.

Modezar Karl Lagerfeld war einer der Großen, die Verlegerin Angelika Diekmann (l.) für die Reihe *Menschen in Europa* nach Passau holte. Ich bewundere seinen schnellen Esprit, sein Wissen um Literatur und Kunst und seine Treue.

Buntes Mode-Fest: Mit Barbara Becker und Hannelore Elsner beim Jubiläum von Albert und Brigitte Eickhoff, das stilecht in der Kunstoase Langen Foundation gefeiert wurde.

Auftakt zur amfAR-Gala in Cannes, das eines der schönsten Feste des Jahres ist: Der Aachener Printen-Prinz Hermann Bühlbecker lud gern dazu ein, hier Veronica Ferres und Mario Adorf.

Mit Hollywoodstar und Tibet-Freund Richard Gere hatten wir erst beim Davoser Weltwirtschaftsgipfel gute Gespräche und wenig später ein Wiedersehen bei der Goldenen Kamera.

Zwei, die meine Liebe zum Film noch anheizten: Produzent Bernd Eichinger wagte und gewann, Regisseur Florian Henckel von Donnersmarck (r.) räumte mit seinem Film *Das Leben der Anderen* den Oscar und hier den Deutschen Filmpreis ab.

Kaiser Franz Beckenbauer, hier beim Champagnerpreis für Lebensfreude in Hamburg, kenne ich schon aus seiner aktiven Zeit als Fußballer Ende der 70er in München.

Diese ungewöhnliche Hochzeit hatten wir für Bunte exklusiv: Weltstar Maximilian Schell und die 38 Jahre jüngere Sängerin Iva Mihanovich gaben sich auf der Schell-Alm in Kärnten das Jawort, knapp sechs Monate später starb er.

Tauben zum Ehestart: Höchst geheim war die Hochzeit von Schätzchen Uschi Glas mit Dieter Hermann (r.). In einer Kapelle bei München folgte das Jawort mit anschließendem Fest, die Nation freute sich über Uschis zweites Eheglück.

Sehr erfolgreich im Business und stark als Familie: Das Mietwagenunternehmerpaar Erich und Regine Sixt mit ihren zwei Söhnen Konstantin (l.) und Alexander, die sie zu dreifachen Großeltern machten.

Polo in Ascot: Prinz William (Foto) und sein Bruder Harry spielen leidenschaftlich gern und haben ihren Vater Prinz Charles schon lange übertroffen – die hochkarätigen Turniere mit Zelten, Champagner und Gurkensandwiches gehören zum Society-Kalender wie der Queen-Geburtstag.

Prinzessin Caroline von Monaco kam als Kunstmäzenin nach Berlin, um den 70. Geburtstag von Regisseur Bob Wilson zu feiern. Die Auktion, initiiert von Montblanc, kam Wilsons Watermill-Projekt zugute, das Nachwuchskünstler auf den Hamptons bei New York fördert.

Höflich und witzig privat, auf der Bühne der Mann mit dem größten Sexappeal weltweit: Rolling Stone Mick Jagger. Ob bei Feiern nach seinen Konzerten, auf dem Schiff vor Cannes oder wie hier bei einem Fest in London, aufregend war es immer.

Die verblassende Ära der Gentlemen

„Ich spreche nicht gern über Frauen, ich spreche gern mit ihnen", sagte Womanizer Gianni Agnelli. Den italienischen Fiat-Chef lernte ich bei einem Essen von Hubert Burda kennen und war beeindruckt von seiner lässigen Eleganz und seinem ganz und gar uninszenierten Auftritt. Frauen waren für ihn nicht Klatsch- und Abhakobjekt, sondern kostbare Geschenke und ernst zu nehmende Gesprächspartner, die es verdienen, in den Himmel gehoben, hofiert, angebetet und gelobt zu werden. So viel Charme, Höflichkeit, Weltläufigkeit, Eloquenz, Contenance und feine Ironie, gepaart mit einem Understatement, ist nur denen eigen, die wirklich nobel sind. Männer wie er, Mario Adorf und Gunter Sachs beispielsweise, füllten den Raum, sobald sie im Türrahmen standen. Man fühlte sich wohl bei ihnen, weil sie etwas zu erzählen hatten und zuhören konnten. Souverän und ohne Eitelkeit führten sie Gespräche, und man lernte von ihnen. Originale wie diese scheinen in der Ära der Konformisten und Yuppies auszusterben. All diese Verführer der Worte und Blicke, diese Frauenversteher des letzten Jahrhunderts. „Kunststück", möchte man sagen, ein Agnelli, ein Sachs und ein Fürst zu Fürstenberg taten sich schließlich leicht mit all ihrem Geld und dessen Bedeutung. Bei Agnelli wirkte ein Outfit immer elegant, aber nicht von langer Hand geplant, heute regieren Äußerlichkeiten wie aus dem Modekatalog. Magazine küren die zehn Bestangezogenen anstatt der zehn Gäste mit best manners. Aber: Sind wir Frauen nicht letztendlich selbst schuld? Wollen wir nicht mehr hofiert werden? Möchten wir drauf verzichten, dass uns jemand in den Mantel oder ins Auto hilft? Ist es die Folge einer übertriebenen Emanzipation? Dennoch: Wir sehnen uns nach den Ausflügen mit Gunter Sachs zurück, der nur glücklich war, wenn sich alle Frauen in seiner Entourage wohlfühlten. Akribisch erstellte er Listen mit den Wünschen und Vorlieben seiner Gäste. „Ich unterhalte mich einfach gern mit Frauen", sagte er. Kein Aufheben machen von den Gefälligkeiten, die man verschenkt, ist ebenfalls ein Attribut des Gentlemans. „Was bekomme ich jetzt zurück?"

war nicht seine Motivation. Männer wie Curd Jürgens, Bernd Eichinger und Michael Ballhaus hatten den Appeal des Kulturzauberers, sie hatten die Magie, uns in andere Welten einzutauchen. Nicht alles ist verloren, ein paar gibt es noch: Herzog Franz von Bayern, die Schauspieler Heino Ferch, Clemens Schick, Herbert Knaup und Friedrich von Thun, die Produzenten Jan Mojto, Quirin Berg, Wolf Bauer und Herbert Kloiber sowie PR-Ass Alois Loew und 20th-Century-Fox-Chef Vincent de La Tour, der es fertigbrachte, mich nachts von Frankfurt aus telefonisch auf eine Bond-Party in London zu zaubern. Und: Gentlemen haben Mut und Zivilcourage. Mut, der heute mit der Lupe zu suchen ist. Als Fürstin Marianne „Manni" zu Sayn-Wittgenstein-Sayn in Bunte nicht mehr erwünscht war und das per Gossip im Redaktionsflur erfuhr, knöpfte sich ihr guter Freund Gunter Sachs den Verleger vor und sagte ihm bei einem Tennisturnier von Monti Lüftner mit Spielern von Otto Waalkes bis Scorpions-Chef Klaus Meine ungeschminkt seine Meinung: „Ich hab's dem Burrrda gegeben", raunte er danach, und niemand konnte das R so rollen wie er.

Hautnah dabei

Mit dem „Flying Doctors"-Botschafter Goswin von Mallinckrodt und Barbara Becker flogen wir im zweiten Bunte-Herbst nach Nairobi, um kenianische Schulen, Waisen- und Krankenhäuser zu besuchen. Die Weite der Landschaft, die bunten Kostüme der Massai, die Wolken vorm Kilimandscharo – es waren filmreife Bilder. Barbara war in Höchstform, tanzte und spielte mit den Kindern, fungierte als Impfschwester, die Mission war geglückt. Plötzlich, auf der Rückfahrt von der Wüste in die Stadt, bekam sie einen Anruf, ließ anhalten und rannte wie losgelöst in die Steppe. Der Sand staubte nur so unter ihren Stiefeln – es musste was Schlimmes passiert sein. Wie ich später erfuhr, hatte sie gerade Nachricht erhalten vom Besenkammerbaby Anna Ermakova. Abends schien sie sehr nachdenklich, sprach mit mir bei Wein und Whisky über die Schwierigkeit der Ehe, am nächsten Tag flogen wir zurück. Boris' Tochter bestätigte sich wenig später durch die Info eines Freundes, die wir exklusiv bekamen. Und die Trennung ebenso. Als Gast von Milliardärin Denise Rich war ich im New Yorker Hilton Hotel zum Angel Ball eingeladen, einem Charity Event ihrer Stiftung, die sie nach dem Krebstod ihrer jüngsten Tochter Gabrielle gegründet hatte. Denise, eine attraktive und sympathische Scheidungswitwe von Marc Rich, ist eine der bestvernetzten Society-Drahtzieherinnen Amerikas. Wenn sie oder auch ihre Freundin Yasmin Aga Khan zu einem Event bitten, dann kommen alle von Vanderbilt bis Rockefeller, und der Abend ist Gesprächsstoff im Big Apple. Ich habe immer sehr bewundert, wie die Schwester des Aga Khan nach dem Tod ihrer Mutter, Hollywoodlegende Rita Hayworth, die Alzheimer-stiftung engagiert initiiert und vorangetrieben hat.

Zurück zu dem Fest von Denise: Ich kam aus dem Staunen nicht heraus. Nicht nur, weil Bill Clinton grandios vor und für uns Saxofon spielte und Michael Jackson sein Menü neben mir ganz ohne Mundschutz zu sich nahm, sondern weil genau ein Paar fehlte. Arthur Cohn hatte die Beckers an seinen Tisch geladen, aber Barbara war, wie beim Dessert durchsickerte, längst über alle Berge. Sprich: mit den Kindern nach Fisher Island vor Miami geflohen, wo Beckers eine Wohnung besaßen. Ich rief nachts noch in der Redaktion an, wo es mir zunächst keiner glaubte, aber dann schmetterte Boris schon sein Trennungsfax in alle Büros. Ich fand's echt schade um das Paar auf Augenhöhe, hatte sie oft zusammen auf Popkonzerten oder bei ihnen zu Hause getroffen, den kleinen Elias auf dem Schoß. Vielleicht hätten sie doch noch mal drüber schlafen sollen.

Auch Boris Becker, den vielfach falsch verstandenen Tennishelden, habe ich drei Tage lang nah erlebt und dabei festgestellt, dass Wirklichkeit und öffentliche Wahrnehmung hier besonders auseinanderklaffen. Arroganz, die ihm mitunter vorgeworfen wird, konnte ich bei Boris nie finden. Ich hatte vielmehr immer das Gefühl, dass er einfach freund-lich sein wollte. Auf unserer Reise nach Mexico City, wo er 2003 als Botschafter von Telekom präsentiert wurde, erlebte ich einen so unkomplizierten, pointierten und sympathischen Mann, der seine Mission ernst nahm. Ob auf der Zócalo, der 240 Meter langen Plaza de la Constitución mit einer der größten Barockkathedralen der Welt (dort wurde eine waghalsige Szene des Bondfilms *Spectre* gedreht), in Frida Kahlos Wohnhaus oder bei der Tennisjugend von Mexico City, stets war Boris umringt wie ein Popstar, gab Autogramme und zeigte dem Nachwuchs die besten Schmetterbälle. Solch eine Freude an einem Auftrag lässt sich nicht spielen, er war wirklich Feuer und Flamme. Null Stargetue gab es auch abends beim Festdinner mit Salma Hayek und anderen VIPs. Bei allen Geschichten, die jetzt um ihn kursieren, sehe ich stets den Boris von damals. Vielleicht ist es auch so: Wie man in den Prominenten reinruft, so ruft er hinaus, es ist ein Geben und Nehmen. Hatte man Boris allein, war er so diametral anders als mit Publikum. Wie ein Getriebener erschien er Jahre später beim Opening des gespenstisch glamourösen Atlantis-Hotels auf dem künstlichen Palmeninselfächer Jumeirah von Dubai. Damals war seine Verlobung mit Sandy Meyer-Wölden, die auch da war, gerade in die Brüche ge-gangen, und 100 Journalisten stellten ihm weit mehr nach als den Weltstars Charlize Theron und Kylie Minogue, die für teures Geld eingekauft waren. Becker war nicht mehr bei sich. Bei sich sein, außer sich sein, ein feiner Grad. Manchmal hilft es, sich als Journalist in die Kehrseite des Ruhmes reinzuversetzen. Oft dachte ich daran, wie schwer es sein muss, den Frauen immer ein High-Class-Leben zu bieten: Schiffs- und Flugreisen, Kleider, In-Plätze von Ibiza bis St. Tropez, Statussymbole. Becker ist nicht der Erste, den dieser horrend teure Lebenswandel in die Knie zwang. Er hätte vermutlich bei seinem wunderbaren Berater Ion Tiriac bleiben sollen, der ihm väterlich zur Seite stand und ihn vor jeglichen Verlockungen bewahrte. Mir gefällt, dass seine zweite Frau Lilly eine so ehrliche Beichte ablegte: „Wodka bestimmte ein Jahr lang mein Leben." An einem solchen Abend habe ich sie während der Filmfestspiele in Cannes von einem Fest im Hotel du Cap-Eden-Roc im Taxi mitgenommen und vor ihrem Domizil in Juan-les-Pins abgesetzt. „Vorher musst du mir aber noch den Reißverschluss vom Kleid aufmachen", bat sie. „Ich bin zu müde dafür." Hab's gern gemacht, auch ich hatte mehr als drei Gläser …

Aufs und Abs: mitfreuen, mitfiebern, mitleiden – das waren die Geschichten, die Patricia Riekel faszinierten. Liebe, Eifersucht, Trennung, Hoffnung, ich kenne kaum eine Journalistin, die so mitgeht bei Freude, Leid und Schicksal ihrer Klientel. Genau das war auch ihr Erfolg: Dinge zu hinterfragen, den Problemen auf den Grund zu gehen, Trennungen oder neue Lieben zu begreifen. Mit Empathie, Vertrauen und Zuhören. Die Arbeit machte Spaß mit ihr. So entwickelten wir viele gemeinsame Interviews: Gespräche mit der hochschwangeren Veronica Ferres, Tränen mit der gerade vom Kaiser verlassenen Sybille Beckenbauer in ihrem Kitzbüheler Haus, das Liebesinterview von Uschi Glas und ihrem neuen Freund Dieter Hermann. Ich hatte Uschi nach dem Aus ihrer Ehe mit Bernd Tewaag oft angerufen, wohl ihr Vertrauen bekommen, auch die Hochzeit mit Dieter, der ein besonderer Mann ist und so gut zu ihr passt, bekamen wir exklusiv für Bunte. Das Fest war ein Traum.

Ist es nicht meist so? Wenn eine Glückssträhne rollt, dann fällt einem alles spielerischer zu. Wie die zwei Hände, die ich bei den Filmfestspielen von Cannes 2005 richtig deutete: Bei der Premiere von *Control* fiel mir die strahlende Schauspielerin Alexandra Maria Lara auf, die ich von *Untergang*-Interviews bei den Oscars gut kannte. Ihre leuchtenden Augen galten Sam Riley, dem Hauptdarsteller des ergreifenden *Corbijn*-Films über den Sänger Ian Curtis, der sich im Drogenrausch das Leben nahm. Die feuchtfröhliche Party im kleinen Strandlokal Ondine wurde zum Liebesouting. Solche unerwarteten plötzlichen Entdeckungen waren die schönsten Momente. Sehen, ahnen, fühlen, wissen, zur richtigen Zeit am richtigen Ort. Mit Glück. Und die richtige Antwort auf die richtige Frage bekommen. Kollege Georg Seitz, der mehr auf Filminhalte achtete denn auf Liebe und mit dem ich durchaus ein turbulentes Teamworking pflegte, gab die News in Absprache online durch.

Zeuge einer wunderbaren Liebe wurde ich auch bei den Filmfestspielen in Venedig, als ich das Neupaar Milla Jovovich (Exfrau von Luc Besson) und ihren Regisseur Paul W. S. Anderson entdeckte

– das happy Paar hat heute zwei Kinder. Und bei den Oscars 2006: Javier Bardem, gerade mit dem Goldmann für seine Killerrolle in *No Country for Old Men* ausgezeichnet, traf auf der Aftershowparty von Disney seine prachtvolle Penélope Cruz. Stets hatten sie bis dato dementiert, ein Paar zu sein – hier, im Salon des legendären Hotels Chateau Marmont mit dem verwunschenen duftenden Garten, war es unübersehbar. Der temperamentvolle Spanier nahm seinen Oscar wie ein Mikro in die Hände, sang losgelöst auf seine Schöne. Und Penélope ist wirklich umwerfend. Ich machte ein Foto als Beweis, konnte ja niemand verwehren. Auch im Foyer des Berliner Hotels Adlon entdeckte ich ein Neupaar, das nicht besser zusammenpassen könnte: Schauspieler Heino Ferch mit der bayerischen Dressurreiterin Marie-Jeanette Steinle. Ich war meiner Redaktion stets dankbar, dass ich da wohnen konnte, wo man auch etwas sah oder erfuhr. Im Motel One am Hauptbahnhof wäre es zwar weitaus günstiger gewesen, aber ganz sicher nicht so ergiebig. Große Unterstützung im Kontakten bot der Barchef Franz, der immer alles wusste. Vor einem Jahr erfuhr ich, dass er das Haus um Millionen geprellt hatte und sich wohl das Leben nahm. Mit ihm hatte ich mich oft lange unterhalten: über seinen Sohn, seine Träume und Ziele, nie hätte ich eine dunkle Seite bei ihm vermutet.

Rastlose Zeit

Dann wieder weg in die weite Welt: Im Guggenheim-Museum von New York lockte eines der besten Feste meiner insgesamt 40-jährigen Berufszeit. Giorgio Armani, der große Couturier aus Mailand, schickte Topmodels die Serpentinen hoch bis in die Kuppel, vor Vitrinen bewunderten wir seine Meisterkunst der letzten vier Jahrzehnte: bestickte traumhafte Abendroben, Samthosen, Capes, raffinierte Röcke, transparente Blusen, ein Traum. Mit Cate Blanchett, Adrien Brody, George Clooney, Richard Gere und Michelle Pfeiffer ging's zum Dinner ins angesagte Asia-Restaurant Indochine, am nächsten Tag verführte uns Maestro Giorgio zum wohl spektakulärsten Blick auf den Central

Park, hoch oben vom 30. Stock aus. Ein Fest ganz in Schwarz-Weiß und wie aus einem Film. Sogar die Kellner waren umwerfend attraktiv. Schönheit bis ins kleinste Detail ist bei Armani ein Must – in einem Film hätte die Szenerie nicht berauschender sein können.

Wie auch bei Giorgios Festen in St. Petersburg, in London oder in Mailand, wo ich dank Andrea Schoeller beim intimsten Dinner dabei sein durfte, auf Giorgios Dachterrasse in der feinen Via Borgonuovo. Zwischen Bougainvillea und Palmen turtelte da Brad Pitt noch mit Jennifer Aniston, und es wirkte sehr viel echter als später mit Angelina Jolie. Ihre Körpersprache, ihr Lachen und ihre Blicke verrieten: „Wir gehören zusammen." George Clooney war solo, wunderbar angesäuselt und sehr witzig. „Wie ist denn der so, ist er nun eher mit Frauen oder mit Männern?" war jedes Mal die Frage, wenn ich ihn getroffen hatte und in der Redaktion davon erzählte. War mir egal, was er genau war, es ist einfach ein total charismatischer, positiver und blitzgescheiter Mann, Punkt. Und einer, der mit seiner Darfur-Hilfe echt viel bewegt. 1200 Dollar kostete ein Platz auf einem Schiff zugunsten seiner Charity auf dem Meer vor Cannes, wozu ich Jahre später eingeladen war – seine Mitspieler Matt Damon, Brad Pitt, Don Cheadle … und Clooney selbst auf Tuchfühlung. Ich kann seine Amal total gut verstehen. Er umarmt gern, wen er mag, das darf man auf keinen Fall persönlich nehmen und sich geschmeichelt fühlen. Auch nicht, wenn man auf dem Darfur-Schiff den ganzen Abend neben ihm und Matt Damon sitzt.

Versuchungen

Wie sich Menschen im Zuge des Erfolgs verändern, konnte ich leibhaftig an Gagenkönig Leonardo DiCaprio beobachten. Lange und ausführlich sprach ich 2001 mit ihm bei der Premiere des Hochstaplerfilms *Catch Me If You Can* in Berlin, seine deutsche Mutter Irmelin hatte ihn zum Fest begleitet und Gastgeber Martin Bachmann uns einander vorgestellt. Leo war ein eher schüchterner, unverbrauchter, hübscher und völlig uneitler junger Mann. Zehn Jahre später kam man kaum mehr an ihn ran:

Bodyguards flankierten ihn rechts und links, ein Gefolge aus Publicists und Wichtigen umwuselte ihn bei den Partys in Hollywood oder Cannes. Und immer ein neues Model im Schlepptau. War es gerade noch Toni Garrn, so hieß die Begleitung weniger später schon anders. Der bindungsängstliche Leonardo ist ein Beispiel dafür, was Hollywood aus Stars machen kann. Meist ist die Entourage viel aufgeregter als der Star selbst, und vielleicht ist ja Leo im Kern immer noch der Bub von damals. Dass Macht sinnlich stimmt, konnte ich im Laufe der Jahre oft erleben: Zum Beispiel bei heißen SMS einer temperamentvollen Schauspielerin an einen angehenden Bundesminister bei einem Autotest im eiskalten Arvidsjaur in Schweden. Oder angesichts eines populären Bürgermeisters, der am Abend seiner Wahl von einer Dachterrasse hoch oben auf die Stadt geschaut und gesagt haben soll: „Gehört alles mir!"
Schade, das Spiel mit den Stars und anderen Prominenten wurde plötzlich verbissener als bei der Tageszeitung, war nicht mehr spielerisch leicht. Die ersten VIP-Sendungen wurden zu ernst zu nehmenden Rivalen, es gab viel mehr People-Journalisten als zu meinen AZ-Zeiten. Ganz Geschäftstüchtige mit Bauchläden streuten ihre Storys in alle Gazetten. Die gewachsenere Konkurrenz spürte ich vor allem bei meinen ersten Filmfestspielen für Bunte in Cannes, wo mich Chopard-Chefin Caroline Scheufele, der exzentrische Modeschöpfer Roberto Cavalli und mitunter auch Denise Rich zu den großartigsten Festen in Villen und auf Yachten einluden. Stets lag ein kleiner Vorwurf von Kollegen in der Luft. Es ist wohl eine erprobte Managermethode, Konkurrenz von oben gezielt zu schüren, was die Kollegialität allerdings immer verdirbt und letztlich ad absurdum führt. In einem Boot fährt sich's doch viel gelassener, aber andersrum ist das Output wohl größer. Dass es auch miteinander geht, zeigen gute Beziehungen zu anderen Kreativen.
Neu war für mich auch der Begriff „mein Prominenter!". Ich hörte das zum ersten Mal bei der Bambi-Verleihung, als wir unter den Kollegen vorab die Stars aufteilten. Das bedeutete, im Vorfeld zu eruieren, wer wen gut kennt, und dann festzulegen, wer sich um wen zu kümmern hat. Dieses „mein Prominenter" hatte zur Folge, dass sich sehr viele um sehr wenige rissen. Das verstand ich deshalb

nicht, weil es ja weltweit noch viel mehr Menschen gibt, über die es zu berichten lohnt. Nun also kam Klaus Maria Brandauer, ein großer und zugleich schwieriger Star, zum Bambi, von einigen bereits vor Ankunft als „mein Prominenter" avisiert. Ja wie, gehört er denen, oder was? Ärgerlich war, dass seine langjährige Lebensgefährtin Uta Grünberger in ihrer direkten und sehr temperamentvollen Art ausgerechnet mir kurz nach der Verleihung verriet: „Es ist vorbei." Und das, obwohl Klaus Maria Brandauer gar nicht „mein Prominenter" war. Das Interview mit der wirklich schlagfertigen und lebenslustigen Uta in diversen Münchner Restaurants hat sehr viel Spaß gemacht und endete im Artikel mit dem Satz: „Jetzt muss ich ihm beim Zuschauen seiner Filme und bei seiner Frage ‚Wie war ich?' nicht mehr Beifall klatschen." Das gefiel offenbar auch der FAS, die in der Medienkolumne gern alles auseinandernimmt, aber selten gute Sätze wiederholt. Kollege Paul Sahner, einer der wenigen auf unserem Stockwerk in der Arabellastraße, die loben konnten, streckte seinen Kopf durch die Tür meines Minibüros und sagte: „Alle Achtung!"
In welche Richtung sich Menschen entwickeln und wie Macht sie verändert, hat mich stets fasziniert. Dabei ist Macht meist nur geliehen. Einer meiner „Lieblingssätze", wenn Menschen sich allzu wichtig nehmen, fällt gern an Rezeptionen, Gästelistencountern oder Bars: „Sie wissen wohl nicht, wer ich bin?" Wenn man gerade danebensteht, möchte man in der Erde versinken. So kannten manche Kollegen keine Frustrationsschwelle, gaben auf, wenn sie nicht gleich hofiert wurden, dabei ist doch das Durchstehen einer Geschichte – lieber ein charmantes Lächeln als eine beleidigte Schnute – ein herrlicher Sport. Dem Repräsentanten einer Filmfirma, der mir Superabende mit John Travolta oder Jack Nicholson auf der Berlinale beschert hatte, riss es nach seinem Aus quasi den Boden unter den Füßen weg. Es tat weh zu sehen, wie sich die Leute bei einem Absteiger verhalten. Wenn es denn überhaupt bemerkt wird.
Ich persönlich habe den Fehler – typisch Allgäu –, etwas sehr emotional und nicht sonderlich diplomatisch zu reagieren. Das war besonders bei Todesfällen oder Ungerechtigkeiten der Fall. Wenn dann noch einer in der Runde raunte: „Pass auf, jetzt weint sie gleich", dann war's aus. Manch

124

hartgesottenen Mannsbildern ohne jeglichen Zweifel täte allerdings ein wenig Emotion ganz gut. Und auch Zweifel. Das Barometer Zweifel hilft, bei Geschichten nicht ganz über die Stränge zu schlagen oder lügen zu müssen. Ich habe möglichst immer versucht, mich in mein Gegenüber, das Opfer, hineinzuversetzen.

Meine Mutter

Auf dem Rückweg von den Oscars 2002 rief mich meine Familie an, dass meine Mutter im Sterben liege. Irgendwie hatte man gar nicht mehr an eine Änderung ihres Zustands geglaubt, war sie doch nach ihrem Schlaganfall für vier lange Jahre in eine andere Welt gerückt. Es war so, als habe sie noch mal Zeit geschenkt bekommen, in der sie weder Pflichten für ihre Kinder noch Sorgen um alles erfüllen musste. Wie ein leises und unaufgeregtes Aushauchen des Lebens. Oft hatte ich sie in diesen Jahren übers Wochenende besucht, hatte mich damit abgefunden, dass sie mich nicht mehr erkennt. Die Stunden, die ich da war, habe ich die wirklich tolle Pflegerin Frau Brünsing abgelöst. Schon im Zug nach Kißlegg ergriff mich wieder diese Freude an der Landschaft und den immer seltener werdenden Häusern, den immer kleiner werdenden Bahnhöfen, eine Stimmung, die alles Aufgeregte wegfegt. Ihre letzten vier Tage habe ich meine Mutter noch erlebt, wechselte mich im Nachtdienst mit meinem Neffen ab und bin glücklich, dass ich genau in dem Moment in ihrem Zimmer war, als sie zu sterben beschloss. Bis zuletzt war ihr Herz, das buchstäblich lebenslang so gut war, so stark gewesen. Die Hand, die ich hielt, ließ plötzlich los, und ich spürte so etwas wie einen Lufthauch, der nach draußen dringt. „Frau Gräfin, höret Sie mi no?", sagte der Pfarrer, den ich reinrief. Gehört hatte sie schon lange nicht mehr richtig – aber viel gespürt, da bin ich mir sicher. In den vier Jahren ihrer Entrücktheit konnte ich ihr wenigstens ein wenig zurückgeben, was ich durch den Job jahrelang vernachlässigt hatte. In AZ-Zeiten war ich leider wirklich sehr selten bei ihr gewesen, dachte, ich versäume was, wenn ich die tosende Stadt verlasse.

Ich bin dann mal kurz weg

Oft hatte mir meine Mutter erzählt, wie schön und erfüllend die Wall-fahrten nach Altötting, zur Loretokapelle nach Wolfegg oder nach Lourdes gewesen seien, die sie vor unserem Abitur oder bei irgendeiner Sorge um eines ihrer sieben Kinder unternahm. Zu einer geplanten gemeinsamen Reise ist es dann leider nicht mehr gekommen.

Wahrscheinlich hat mich erst Hape Kerkeling mit seinem erfolg-reichen Buch *Ich bin dann mal weg* drauf gebracht. Meine Reise nach Santiago de Compostela war nicht annähernd so intensiv und lange wie seine, aber in den zehn Tagen Marsch bis zum spanischen Wall-fahrtsort konnte ich nachvollziehen, was da in ihm vorging. Mit dem Fotografen Hans-Günther Kaufmann, der genug von Models hatte und sich mehr dem Klerus zuwandte, und seiner Schwester, der Schau-spielerin Christine Kaufmann, wollte ich erfahren, warum alle so beseelt von dieser Reise zurückkommen: Ist es die Ruhe nach einem Ausgebranntsein im Job, das gemeinsame Gehen und Schweigen, die überwältigende Landschaft, die Gebete? Es ist von allem etwas, wie ich erfuhr. So klein die Herbergen waren, so prachtvoll die Kathe-dralen von Leon und Burgos mit den unglaublich bunten Kirchen-fenstern, auch der Berg Cruz de Ferro, auf dem wir wie alle Pilger unsere Sorgen in Form von Steinen abladen konnten, gefiel mir. Klöster mit bernsteinfarbenen Scheiben tauchten die Kapellen in magisch gelbbraunes Licht, und Mönche sangen Abendchoräle. Kontemplativer geht kaum. Angekommen in Santiago de Compostela, läuteten die Glocken dermaßen eindrucksvoll, dass es mich regel-recht packte, ebenso wie bei dem legendären Weihrauchkessel, der weit über uns von Decke zu Decke schwang. Das kann man als Theater abtun, aber es bewegte mich genauso wie Hunderte von Pilgern. Das tägliche Gehen bis zur Erschöpfung ist etwas Großartiges und der Appetit in den Herbergen auf Kalbshaxe oder Pulpo entsprechend monströs. Im Jahr drauf nahm ich erneut Anlauf, diesmal auf dem französischen Weg – jede Station ein Juwel. Zurück in der „Mühle", schwangen die Ruhe und die Eindrücke noch lange nach.

Meistens diskret

Obwohl ich mich eher als Spiegel der Gesellschaft sah denn als Richterin und gern mit einem Augenzwinkern berichtete, blieb die Bezeichnung „Klatschtante" oft nicht aus, und das klang dann wie ein Schimpfwort. Natürlich lässt sich lästern, dass das Beobachten anderer Menschen und Beschreiben von Events eine leichte und oberflächliche Arbeit ist, und es klingt auch nach Leichtigkeit und Oberfläche, aber die Umsetzung war genauso intensiv wie bei einem Interview. Und man kann es ganz gut oder eher mäßig machen. So wunderte sich Kollege Jakob Augstein, mich auf dem Dinner eines Freundes zu sehen, was ich befremdlich fand. Nicht alle schreiben schließlich im Stil seines Vaters Martin Walser. Und Kanzlerin Angela Merkel schürzte bei einer privaten Einladung im Schumann's kurz ihr Mündchen, weil auch „die Society-Frau" eingeladen war. Womöglich dachte sie, ich lauere auf einen Skandal. Aber es gab ja auch noch ein Leben „neben" Bunte. Seltsamerweise waren es oft Journalisten, die die Gattung Society-Ressort infrage stellten. „Warum hast du nicht Trompe-l'œil-Malerei gelernt wie andere Adelige?", fragte mich eine ebenso adelige Kollegin mal. Hä? Zugegeben, ich bin manchmal etwas zu direkt und trage mein Herz auf der Zunge. Und wer mich einmal linkte oder anlog, hat's eher nicht so leicht mit mir. So schnell und unbedacht, so verschwiegen kann ich aber auch sein. „Meistens diskret" heißt ja nicht, Hofberichterstattung zu pflegen und Tatsachen unter den Teppich zu kehren, sondern immer neu abzuwägen. Ist das nun schon druck- und spruchreif oder eher nicht? Was richte ich möglicherweise an für die Familie? Für die Kinder? Ich bewundere diskrete Menschen, die mit ihrem Auspacken Schlagzeilen auslösen könnten. Caroline Prinzessin von Monaco zum Beispiel. Eine lebenserfahrene, kluge, elegante, kunstinteressierte, auch kapriziöse und sehr verschwiegene Frau. Hat man sie je über den Nochehemann Ernst August von Hannover klagen hören oder je Details der Trennung von ihr erfahren? No. Sie hält Vorträge in aller Welt über die Amade, ein Charity-Anliegen ihrer Mutter Gracia Patricia, sie ist eine Augenweide auf jedem Rosen- oder Rotkreuzball und, laut Insidern, die beste Großmutter der Welt. Aber ihr Herz auszuschütten, das ist nicht ihr Stil. Weder nach der Trennung von Philippe Junot noch nach dem Tod von Stefano Casiraghi oder jetzt beim Status quo der Nochehe: Es bleibt ihre Sache, die sie höchstens mit ihren Kindern oder ihrem Bruder Albert bespricht. Das hat was in Zeiten von Beichten à la Diana und Fergie! Caroline bleibt unantastbar, weil sie nicht alles offenbart. Auch Königin Silvia von Schweden hüllt sich nach dem Rotlichtskandal um ihren Mann Carl Gustav vor acht Jahren diesbezüglich in eisiges Schweigen. Und wenn die Ex-Geliebte wieder einmal spricht, wird Silvia weiterschweigen. Schade für Voyeuristen, aber super für sie.

Unvergessene Momente

Augenblicke, in denen man sich zwicken möchte, weil man zu träumen glaubt, weil man das Ganze nicht für möglich hält – an denen fehlte es nicht. Allen voran vier Hochzeiten, die ich nie vergessen werde. Den Wiener Stephansdom für ihr Jawort wählte Selbstdarstellerin Verona Feldbusch mit Franjo Pooth, und die ehrwürdige Kathedrale duftete für zwei Stunden dermaßen nach Lilien, dass man beinah ohnmächtig wurde. Nach einigem Hin und Her hatte Karl „der Große" Lagerfeld das Brautkleid für Verona kreiert, und es war auch wirklich ein Traum. Kaum passte es in die Mannerkutsche, die knallrosa und vierspännig vor der Kirche vorfuhr, um anschließend das Paar zum Empfang in den Kursalon des Stadtparks zu chauffieren. Manner, also die bekannten Doppeldeckerkekse, hatte damit seine Riesenwerbung, Bunte die Exklusivgeschichte, die ich schreiben durfte, das Paar den schönsten Tag seines Lebens und Wien eine Gaudi mehr. Wenn man zusammenrechnet, was auch RTL dafür zahlte, müsste Verona – man logierte kaiserlich im Hotel Imperial – in zwei Tagen ein Reihenhaus verdient haben.

Um ein farbenfrohes Maskottchen ging es auch bei der Hochzeit von Skiass und Schokoladenbotschafterin Maria Höfl-Riesch und ihrem Bräutigam Markus Höfl. Mitten auf dem Hof des legendären Stangl-wirt bei Kitzbühel stand eine lilafarbene echte Kuh und dachte sich ihren Teil angesichts all der wichtigen Gäste von Franz Beckenbauer bis Stephanie zu Guttenberg, die da war, um einen Scheck zugunsten ihrer Stiftung entgegenzunehmen. Für ein wohliges Heimatgefühl wie aus dem Werbespot sorgten aufgeschirrte Kutschen mit Trachtlern in Lederhosen und Dirndln, Alphornbläser mit ihren sonoren Melodien oder die berühmten „Goaßlschnalzer", kernige Männer, die hoch über den Gästen lautstark mit Peitschen knallten. Zu gern hätte ich in der Suite mit dem Megablick auf den Wilden Kaiser, die mir zur Verfügung stand, auch gleich übernachtet. Aber der Andruck drohte, ich fuhr noch in der Nacht zurück. Damals habe ich mich vor lauter Hektik um viele Freuden gebracht. Es war mir immer ein Anliegen, exklusive Geschichten persönlich zu betreuen.

Jawort drei war auf Schloss Bückeburg und versammelte viel Adel und Freunde von Alexander Fürst zu Schaumburg-Lippe. Die Messe hatte der musikaffine Bräutigam selbst zusammengestellt, und der Ball in den Sälen des Schlosses mit dem riesigen Blumenbouquet, dem schön geputzten Tafelsilber und den glanzvollen Roben glich einem Gemälde der Alten Meister. Ich hatte das Glück, statt eines womöglich langweiligen Aristo-Cats den weit gereisten und inter-essanten Günter Netzer als Tischherrn zu haben, und im Laufe des Abends machte ein Gerücht die Runde: Eine verflossene Liebe des Hausherrn, Designerin von Beruf, habe den Schleier und die Schleppe der Braut Nadja Anna über Nacht mit einem Gemisch aus Cola und Bier übergossen, sodass in der Eile alles neu hergeschafft werden musste. Friseur und Visagist der sichtlich gereizten Braut waren Zeugen dieser infamen Tat. Das Leben schreibt oft bessere Geschichten als jeder Film, und im Film würde man so eine Eifer-suchtsattacke à la Hedwig Courths-Mahler kaum glauben.

Die Hochzeit Nummer vier führte uns, ebenfalls Bunte exklusiv und von Marietta Andreae souverän geguidet, in die romantische Kirche von Keitum auf Sylt. Tennisstar Michael Stich, den ich sehr schätze, sagte ja zu Alexandra, die er nach der Trennung von Jessica Stockmann kennengelernt hatte. Es war einer dieser prachtvollen Inseltage mit dem milden Wind und dem Duft nach Rosen, wie es ihn nur dort gibt. Punkt zwölf Uhr waren alle versammelt – es wurde viertel nach und halb eins, und die Braut war immer noch nicht da. Schauspieler Jan Fedder, nie um einen Joke verlegen, wollte gerade den Flachmann durch die Kirchenbänke reichen, da öffnete sich das Portal, und Alexandra trat ein. Die wirklich traumhafte Frisur hatte länger gedauert.

Eine Reise, von der ich schon im Vorfeld ahnte, dass sie gefährlich werden würde, ging nach Belgrad, zum 70. Geburtstag der immer noch schönen Ira von Fürstenberg. Die Agnelli-Tochter, die beinah die zweite Frau von Fürst Rainier von Monaco geworden wäre, feierte temperamentvoll, wie sie ist, und zwei Tage lang: auf dem Belgrader Schloss und anderntags in einem denkmalgeschützten Palais. Ein leibhaftiger Exilkönig schipperte mit auf der Donaufahrt, die uns mittags die schöne Region offenbarte. Nach Festende im Morgengrauen folgte dann die Ernüchterung: Der Vulkan auf Island war kräftig am Brodeln, Flüge wegen der Aschewolke allesamt gecancelt, Züge übervoll und Mietwagen ausgebucht. Gäste wie Gunilla von Bismarck rannten mit Diadem auf dem Kopf in Richtung Taxis, es herrschte Weltuntergangsstimmung. Ich hatte das Glück, mit Iras Sohn Hubertus Hohenlohe nach Wien zu kommen und von dort mit dem randvollen Zug weiter nach München. Wer einmal von Belgrad bis nach München fuhr, weiß endgültig, wie groß und grün Osteuropa ist.

Die sechste Geschichte, die ich unter der Rubrik „ungewöhnlich" einordnen möchte, spielte hoch oben über Graz, auf der Alm von Maximilian Schell. Die Redaktion hatte mich gebeten, Maria Schell für einen Lebenswerk-Bambi zu gewinnen, den ihr Bruder Maximilian überreichen sollte. Ich kannte diese besondere Ecke am äußersten Zipfel Österreichs schon, jedes Mal hatte mich die Stille, der Ausblick und diese besondere Atmosphäre der Alm beeindruckt. Dort angekommen, empfing mich Max. Erst als wir im Nebenhaus von Maria eintrafen, sah ich, dass sie nicht mehr ganz von dieser Welt war.

Max erklärte ihr sehr nett, was wir vorhatten und dass sie für die Bambi-Verleihung nach Berlin reisen dürfe: „Aber du kommst mit, Maxl, und beschützt mich, gell, und das Rehlein stellen wir dann in den Garten." Sie hatte den verklärten Blick der Menschen, die bereits das ganze Leben hinter sich haben und schon woanders sind ... Und ich fühlte mich, obwohl ich meine Mission erfüllt hatte, plötzlich sehr allein und traurig. Mit welcher Zärtlichkeit und Liebe der Weltstar und Oscarpreisträger (*Das Urteil von Nürnberg*) seine Schwester umsorgte, die ihn in ihrem Einkaufswahn (sie bestellte einen Fernseher nach dem anderen) beinah ruiniert hätte, berührte mich sehr. Die Bilder, die ich aus seiner Münchner Wohnung kannte, die Mirós und Albers, hatte er inzwischen alle verkauft, um Marias Schulden zu tilgen. In einer Zeit, in der Familienfehden an der Tagesordnung sind und sich Geschwister um jeden Preis bekriegen, war diese kleine Szene hoch über Kärnten wie ein kleines Juwel und schwang noch lange bei der Zugfahrt nach.

Öfter noch war ich auf der Schell-Alm, zuletzt 2015 zu Max' später Hochzeit mit der blutjungen Operettensängerin Iva. Wenn es ein Film gewesen wäre, hätte man es kaum geglaubt: Es goss nonstop wie aus Kannen, der Bräutigam ging schwer, Trachtler sangen, und abends wurde das ungewöhnliche Jawort (Altersunterschied 45 Jahre) in der Dorfwirtschaft urig gefeiert. Mit dem Intendanten vom Gärtnerplatztheater Josef Ernst Köpplinger hatte ich einen wunderbaren Nachbarn, und eine Starwitwe war so angesäuselt, dass sie singend auf den Knien des Bräutigams landete.

Weitere skurrile Partys führten uns nach London, die Stadt ohne Tabus. Party kann jeder, da muss man, so der Engländer, schon noch was draufsetzen. So feierte der weltberühmte Auktionator Simon de Pury seine Hochzeit mit der Münchner Auktionshaus-Tochter Michaela Neumeister passend in der Serpentine Gallery – mit eigenwilligem Dekor. Statt Sofas gab es Klinikbetten zum Lümmeln, und Krankenschwestern reichten Drinks in Spritzenform.

Überglücklich, im Cliveden House in feinstem Damast zu schlafen (wie Meghan vor ihrer Hochzeit), war ich nach den opulenten Partys bei meinem Darling Sir Elton John. Die vielen White-Tie- und Tiara-Feste in seinem prachtvollen Garten von Woodside bei Windsor Castle waren für mich seit Jahren der Society-Höhepunkt schlechthin. Diese unglaubliche Gästemischung aus Popstars und alternden Divas, die lässige Eleganz der Beckhams und das Getue um Eltons Muse Liz Hurley, eine ehrgeizige Französin, die ihre Tochter Ondine de Rothschild durch die Feste der Welt jagt, diese Fröhlichkeit in einem Meer aus Rosen und Buchsbäumen, goldene Schwäne auf dem Seerosenteich, die Girlanden, Lampions, Eltons Hundefriedhof mit seinen verblichenen Möpsen – unerreicht. Rokoko, Barock, China – alles und jedes Thema hatte er jedes Jahr aufs Neue perfekt gestylt. Angetörnt von so viel Freizügigkeit, Champagner und Fantasie unterlief mir ein dummer Fehler: Ob er hier wohl auch fotografiere, fragte ich Tom Ford, und der erkannte, mit wem ich ihn verwechselt hatte: „Oh Darling, Mario Testino ist doch viel fetter als ich." Beim Wiedersehen seiner Show in Hollywood mussten wir über diesen Fauxpas noch mal herzlich lachen.

Bei Elton John gab es keine Tabus für Outfits: Es wimmelte von Federn, Strass, Pailletten, je bunter und crazier, desto besser. Aber dass beim Motto „Irrenhaus" nun einmal wirklich echte Menschen an Bäumen angekettet waren, das verwirrte manchen Gast. Zwangsjacken auf Partys, etwas zwanghaft lustig. Die Briten haben bekanntlich einen anderen Humor.

Anders als erwartet entwickelte sich auch ein Ausflug nach Fort Myers, wo ich Martina, die verlassene Frau von Stefan Effenberg, interviewen sollte. Ich machte mich auf Tränen, Wut, Schimpftiraden und Enttäuschung gefasst. Nichts da. Abends schneite ein besonders attraktiver Rastajüngling rein, um uns zu einer Party abzuholen – Martinas Freund, wie sich herausstellte. Von wegen Singleblues. Wie eine unglückliche Frau wirkte sie nicht, und das Coverfoto mit dem ungleichen Paar schmückte später die Bunte.

Seltsam zumute war mir bei Trennungsinterviews mit zwei Paaren, die sichtlich unter der Entscheidung litten. Das eine waren Alexander Fürst zu Schaumburg-Lippe und seine Ex-Freundin Jette Joop, die ich im schönen Hamburger Hotel Side traf. Alex war in schlechter Verfassung, auch weil er sich das Rauchen gerade abgewöhnte, dafür sprach die attraktive Tochter von Modeschöpfer Wolfgang Joop bei der Fotosession vor Kunstwerken von Matteo Thun und Robert Wilson umso energischer. Ich habe nicht ganz verstanden, warum sie sich wirklich trennen wollten, wenn sie so unendlich traurig waren. Aber es ging wohl um Eifersucht, Vertrauen und Zusammenziehen. Das zweite Paar waren Schauspieler Fritz Wepper und seine Freundin Susanne Kellermann, mit der er eine kleine Tochter hat. Mit Angela, Fritz' Ehefrau, bin ich seit Jahren befreundet, und ich hatte daher Bedenken, dieses Gespräch, wozu sie mich explizit haben wollten, zu führen. Es sind diese Grenzgänge, bei denen einem irgendwie unwohl ist, es sei denn, man ist aus Stein. Ich war froh, dass die geschätzte Kollegin Tanja May mitmachte, deren Spürsinn für Geschichten ich immer bewunderte. „Wir trennen uns aus Vernunft und weil uns die Society nicht zusammenhaben will" war der Tenor der Geschichte. Vielleicht war die Liebe eben doch nicht so eine allmächtige Wucht, wie sie anfangs dachten.

Eine märchenhafte Einladung, über die ich leider nicht schreiben durfte, führte mich 1999 an den idyllischen Wörthersee in Kärnten. Maria-Theresia und Carl Friedrich, die Zwillinge von Milliardär Friedrich Karl Flick und seiner Frau Ingrid, wurden getauft, und da sie nicht mehr in Wiegen lagen, thronten sie beim Festessen von Feinkost Käfer auf kleinen goldenen Stühlen und beobachteten die Szenerie der tanzenden und feiernden Gäste von dort mit offenen Mündern. Zwei Jahre später sah ich sie noch mal auf der Bühlerhöhe, wo sich ihr Vater im Schlosshotel von schwerer Krankheit erholte. Ihre Mutter hat es vorbildlich hinbekommen, dass es ganz normale, nicht verwöhnte, lebenslustige und tüchtige Kinder wurden, die inzwischen studieren und ihren Weg gehen. Alle Achtung: Fotos des Duos gibt es nicht.

Das trickreichste Entree zu einer Party gelang uns 2010 auf dem Meer vor Cannes. „See you later", hatte Mick Jagger auf der Croisette leichtfertig gesagt, als er mit Keith Richards und seinen Rolling Stones den Dokumentarfilm *Stones in Exile* in einer Festivalnebenreihe

präsentierte. Gloria hatte mir den Frontman bereits 2003 bei einer kleinen Party im Münchner Restaurant Lenbach vorgestellt, wo er jeden höflich mit „Hi, I'm Mick!" begrüßte (als wüssten wir das nicht ...).
Ja, wo denn „later"? Auf dem Schiff „Octopus" von Milliardär und Microsoft-Gründer Paul Allen. Wieder mal war es Glück, dass die eingeladene Denise Rich mit ihrem Mann Peter direkt neben mir stand und meinte: „Das geht easy, wir fahren einfach von unserem Schiff per Tenderboot unter die Allen-Yacht." Superidee. Etwas nass, aber heil kamen wir an, und so etwas habe ich noch nie in meinem Leben gesehen: 126 Meter lang, Platz für ein U-Boot, Lift für vier Etagen, auf Rang 14 der längsten Megayachten der Welt. Musikanlagen für den Musikfreak Allen, Bars mit Champagner, Whisky, Wodka und Wein – und Kellner, wohin man schaute. Ohrenbetäubend laut spielte eine Band (auf dem Wasser stört das ja niemanden), und wie eine wendige Katze aalte sich Mick seinen Weg durch die Freunde, sein Charisma und seine britische Höflichkeit (wirklich!) sind bemerkenswert. Wo Mick auftaucht, vibriert es vor Sexappeal. Ein Groupie wollte sich mit ihm gemeinmachen und bot ihm einen Joint an, den Mick energisch mit den Worten „Ich trinke und rauche nicht mehr" ablehnte. Verliebt legte er den Arm um seine Freundin L'Wren Scott, und an dieses nächtliche, vom Mond beschienene Bild musste ich sofort denken, als sie sich nur fünf Jahre später das Leben nahm.
Denkwürdig war auch der Anruf von Iva Schell, Maximilians Witwe. Zwei Jahre nach der ungewöhnlichen Hochzeit und anderthalb Jahre nach seinem Tod verkündete sie plötzlich: „Ich bekomme ein Kind." Zunächst dachte ich an Gefrorenes von Max, aber sie klärte mich auf, dass es von Max' Neffen sei. Na so was. Leider hielt die Beziehung nicht lange, aber die kleine Viktoria ist wirklich süß.
Und last, but not least hätte ich beinah Papst Benedikt im Vatikan den Ring geküsst, beinah. Ich kam in den Genuss einer Einladung mit den Philharmonikern und stand nach dem Konzert für die Audienz Schlange. Leider bat mich eine quirlige Münchnerin, ihr Foto mit dem Oberhaupt im Handy festzuhalten, worauf ich sofort energisch aus der Reihe ausgemustert wurde. Sie aber hatte ihr Foto.

Eine Szene wie aus dem Film *Verhängnis*, wo sich Jeremy Irons in die Freundin seines Sohnes (Juliette Binoche) verliebt, bot sich mir schließlich im Londoner Nachtclub Annabelle's, einer legendären Mischung aus Plüsch und Glamour: Nessrin Gräfin Königsegg hatte für ein italienisches Männermodelabel eingeladen, und da schlenderte mir als Erstes mein Idol Bryan Ferry entgegen. Oft hatte ich den Gentleman mit dem unvergleichlichen Timbre und dem so lässig abgewinkelten Knie im Konzert erlebt, kurz zuvor bei einem Privatfest unterm Montblanc. Und wer steht neben ihm? Die bildschöne und blutjunge Freundin seines Sohnes. Er hat sie sich einfach weggepickt, der Schlingel.

Royals und ihre Feste

Vor der Hochzeit von Mabel und Prinz Johan Friso von Holland 2003 fragte mich ZDF-Moderatorin Karen Webb, ob ich bei der begleitenden Liveübertragung mitmachen würde. Sonne über der Kathedrale von Delft, Royals aus ganz Europa – diese Chance nahm ich gern wahr. Kritiker, die Mabel wegen ihrer Vergangenheit (sie war mit einem Drogenboss liiert) nicht hoffähig fanden, verstummten ad hoc. Es war der Auftakt einer neuen Ära in Europa. Und zwar die der bürgerlichen Bräute. Neue Prinzenrollen. Wie wohltuend, alte Zöpfe abzuschneiden. Beim Schreiben eines Vorworts für das Buch *Wenn Liebe adelt: Die neuen Royals* von Andrea Bachstein und Claudia Fromme verstand ich immer mehr, warum diese Wende gut war. Ich begriff, wie schwer für die Frauen die Balance zwischen Diplomatie und Verzicht und eigener Lust und Selbstverwirklichung ist. Wie sehr diese beneideten und doch so gar nicht zu beneidenden Hoheiten diese Gratwanderung aus öffentlicher Schau und privatem Glück beachten müssen, ist gigantisch. Wie sie auf Schritt und Tritt beobachtet werden – mit Röntgenaugen und unbarmherzigem Blick. Und die Sprüche: „Schon wieder das alte Kleid" oder „Schon wieder was Neues". „Warum schaut sie so traurig" oder „Zu kess". Nein, tauschen wollte ich garantiert nie.

Wir kommentierten Hochzeiten in Kopenhagen (Kronprinz Frederik mit Mary), in Amsterdam (jetziger König Willem-Alexander mit seiner Máxima), in Madrid (nun Königspaar Felipe und Letizia) und in Monte Carlo (Fürst Albert und Charlène). Allerdings, schade, nicht vor dem Palast, sondern auf einem Floß schwimmend, was zur Folge hatte, dass ich – völlig sonnengeblendet – nur noch aus Schlitzaugen bestand. Diese Hochzeit war für mich was ganz Besonderes, hatte ich doch sieben Jahre zuvor den ersten Auftritt der blonden sportlichen Südafrikanerin beim Rosenball, dann die darauffolgenden zahlreichen Aufs und Abs erlebt und dank der Nähe zum Fürsten vorab das einzige Hochzeitsinterview bekommen. In guten Zeiten hatte er mit meiner Kamera beim Rosenball ein Foto von Charlène mit mir gemacht, Copyright: der Fürst. Albert war mir als Gast von Prinz Leopold von Bayern beim großen Geburtstag im Hotel Überfahrt am Tegernsee mit Caroline, Ernst August und dem kompletten schwedischen Königshaus schon als sehr umgänglich angenehm aufgefallen. Nun also diese gigantische, theatralische und nicht ganz wirkliche Inszenierung im Schlosshof des Grimaldi-Palasts. Die vielen Gerüchte, die Tränen der Braut, Spekulationen ohne Ende. Ob getrennte Wohnsitze oder nicht, was soll's. Ich freue mich echt, dass die Zwillinge nun wohl die Ruhe reingebracht haben, die das meistbeobachtete Paar der Welt dringend braucht. Ich habe nie ganz verstanden, warum sich viele so gern auf sie einschossen. Hingegen respektieren sie den Mann, der Deutscher Kaiser wäre, wenn es noch eine Monarchie gäbe. Zaungäste äußerten diesen Wunsch, als wir 2015 die Hochzeit von Georg Friedrich von Preußen und Prinzessin zu Isenburg kommentierten. Den Urenkel des Kaisers mögen die Menschen offensichtlich, ganz Potsdam war vor dem Jawort in der Friedenskirche auf den Beinen. Und dass das wirklich prachtvolle Brautkleid kein Geheimnis blieb, dafür sorgte Modeschöpfer Wolfgang Joop himself – beim Handshake im samtenen Anzug vor der Kutsche. Seinen Humor und schnellen Geist habe ich immer bewundert.

Alle Erwartungen übertroffen hat die Hochzeit von Prinz Harry und seiner Meghan Markle – damit vereinigten sich zwei Kulturen, ein optimales Zeichen von entstaubter Monarchie. Bei aller Euphorie über die

bildschöne US-Amerikanerin: Sie hat ihr Temperament und ihre ge-
wagte Mode nach dem Jawort sicher ein wenig eindämmen müssen –
trotz aller Moderne. Bei einer Hochzeit im bayerischen Oettingen und
bei Poloturnieren in Ascot, zu denen uns Audi mitnahm, habe ich Harry
mit seinem ernsteren Bruder William schon mehrfach erlebt. Sein
Charme und seine direkte Art gefallen mir. Sein britischer Humor erinnert mich an Prinz Charles, den ich in Badehose am Steg von Schloss
Fuschl mit seiner Camilla entdeckte, die umliegenden Berge in Aquarell
festhaltend. Und anderntags im Festspielhaus bei einer recht frei-
zügigen Operninszenierung, in der er prustend direkt in der Reihe vor
mir feststellte: „Darling, look at them, they are all naked." Am rollen-
bewusstesten dieser Royal Family sind zweifellos Kate und William, die
stets makellos daherkommen. So wie bei der Royal Performance des
Bondfilms *Spectre* in der Royal Albert Hall, wo ich 2015 zum kurzen
Handshake und zur anschließenden Privatparty kam. „007" Daniel Craig
zeigte sich wie alle Großen der Szene superfreundlich, nur die Un-
wichtigeren sind arrogant. Und wie die Presse irren kann, lässt sich aus
der neuesten Nachricht ablesen: Hundertmal getrennt geschrieben,
gründen nun Craig und seine Frau Rachel Weisz nach acht Jahren
Ehe eine Familie. Sie ist, so konnte ich in Hollywood erleben, neben
Julianne Moore, Kate Winslet und Helen Mirren eine der Allercoolsten.
Voller Bewunderung bin ich auch für Herzog Franz von Bayern, der König
wäre, wenn … Trotz seines Einflusses als Vorsitzender des International
Council of the Museum of Modern Art in New York und vielen wichtigen
Kunsthäusern ist er das Gegenteil von mittelpunktsbedürftig. Sein Empfang zum 80. Geburtstag auf Schloss Schleißheim bei München und
seine traditionellen Abendessen sind ein Spiegel des barocken bayerischen Füllhorns: Künstler, Wissenschaftler, Professoren, Verwandte,
Klerus. Stunden mit oder beim Herzog sind nie eitel oder aufgeregt,
sondern liebenswert, echt, bereichernd. Und jeder geht mit einem
guten Gefühl nach Hause, dankbar für gute, weiterführende Gespräche. Und statt Geschenken zum 85. wünschte er sich eine (durch
Katrin Stoll, Neumeister, und Heinrich Graf von Spreti, Sotheby's)
durchgeführte Auktion zugunsten des Hilfsvereins Nymphenburg e.V.

Wie feierfreudig die Schweden sind, konnte ich bei zwei wunderbaren Festen erleben, bei beiden waren Prinz Leopold und Prinzessin Ursula von Bayern die Gastgeber. Auf der Sommerhochzeit ihres Sohnes Manuel mit Prinzessin Anna zu Sayn-Wittgenstein-Berleburg in Schweden regnete es wie aus Gießkannen, aber das tat der überschäumenden Stimmung keinen Abbruch, so ein Katastrophenwetter schweißt ja noch mehr zusammen. Gegen Mitternacht und angeheizt vom Aquavit formierte sich im Ballsaal eine Art Polonaise, die singend durch alle Räume zog: König Carl Gustav und Königin Silvia samt ihren Kindern am Kopf der Prozession, zum Umfassen (an der Taille) nah. Warum das Jawort in Schweden stattfand? Die Mutter der Braut, übrigens auch Mama des gut aussehenden Schauspielers August Wittgenstein und geborene Gräfin Wachtmeister, kommt von dort.

Oder der 60. Geburtstag von Prinz Poldi im Hotel Überfahrt am Tegernsee. Wieder kam die komplette schwedische Königsfamilie, dazu noch die Hannovers – Ernst August und Caroline noch zusammen – und Fürst Albert von Monaco, damals noch Erbprinz. Es gibt Gesellschaften, da mischen sich Stargäste so spielerisch unter die anderen, dass sie gar nicht mehr auffallen, vielleicht auch, weil sie im Rahmen lauter Freunde nichts Besonderes sind. Je höher, desto lässiger. Beherzt stand der Schwedenkönig auf und hielt eine feurige Rede auf Prinz Poldi, später tanzte er mit Bestkondition zur Disco. Einer Freundin und mir fiel der Adjutant zu, der sichtlich auf der Suche war. Ein herrlicher Abend, den ich leider in den Morgenstunden ohne Schlaf verlassen musste, weil die Redaktion auf meinen Bericht wartete.

Lippenbekenntnisse

Monte Carlo, die minikleine Steuer- und Spieleroase, bietet in der Relation weit mehr Ewigjunge als ein hundertfach größeres Land, vielleicht gerade noch mit Hollywood oder New York vergleichbar. Mindestens so wichtig wie die neue Couturerobe ist das erneuerte Gesicht. Nur an den ringschweren Händen der Society-Löwinnen

lassen sich eventuell noch Altersringe ablesen. Selten habe ich eine Lady erlebt, die „danach" wirklich besser aussah, alle ähneln sich gespenstisch barbiemäßig. Auch bei uns gibt es, vom Starlet bis zur Prinzessin, keine besonders guten Beispiele. Manche beschränken sich auf den aufgespritzten Schnabelmund, der jedoch, frisch gemacht, auch wie ein Fremdkörper im Gesicht wirkt. Da fällt mir ein Satz ein, den ich bei der „Cinema for Peace"-Gala im Konzerthaus am Berliner Gendarmenmarkt runterschlucken musste: „Wann denken Sie eigentlich mal an Lifting?", raunte mir der mir bis dato nicht näher bekannte Hotelbesitzer Anno August Jagdfeld sehr jovial und leise zu. Sicher hatte er seine erfolgreiche Designerfrau Anne Maria schon öfter dazu eingeladen. Und in Marbella konterte eine Charity-Queen doch glatt auf meine Frage nach den neuen Lippen ihrer Tochter: „Ach weißt du, wir sind so viel verreist, da hatte ich ihr das geschenkt, weil sie sich's zum Geburtstag gewünscht hat." Jeder nach seiner Fasson …
Ein Königreich für Dauerteenies scheint auch Sardinien zu sein. Oft war ich hier mit Fotografin Sabine Brauer bei Fawaz Gruosi und Flavio Briatore in den sündteuren Billionaire Club eingeladen. Ich liebte den Anflug auf die Costa Smeralda und den Blick auf die vielen blitzenden Yachten, die wie kleine Schnipsel unter uns aufleuchteten, ich liebte die Fahrten durch die Hecken und Gebirge, die elegante Anlage des Hotels Cala di Volpe, das einst weitsichtig der Aga Khan mitsamt der ganzen Küste aufbaute. Und jedes Mal waren die Münder der Ladys noch neuer, die Augenpartie noch gestraffter, die Dekolletés noch tiefer und die Rocksäume noch kürzer als im Vorjahr. Nicht nur dort habe ich mich oft gefragt, ob sich Frauen eigentlich aus Konkurrenzgedanken für andere Frauen oder für ihre Männer verändern wollen. Letztere mögen das, so sagen sie zumindest, meist gar nicht besonders.

Wo die Liebe blüht

Harmoniesüchtig wie ich nun mal bin, beobachte ich am liebsten Paare, bei denen alles stimmt. Die Blicke, die Worte zueinander, die

Wellenlänge, der Humor. Paare, die nicht betonen müssen, dass sie nie zerstritten einschlafen – das hat ja seit dem Rosenkrieg von Erol und Caroline Sander bekanntlich auch so einen Hautgout. Oft sind das zwei, die schon ewig zusammen sind wie Mario und Monique Adorf. Köstlich, wie der charismatische Weltstar seiner französischen Frau (übrigens beste Freundin von Brigitte Bardot) Wünsche von den Augen abliest und Wortwechsel pariert. Möchte sie zur Bootstour nach Sardinien, fährt er schweren Herzens mit, er wäre, wie er mir sagte, lieber in seinem geliebten St. Tropez geblieben. Beliebtheit lässt sich auch an Geburtstagen messen: Marios Fest zum 75. in „St. Trop" machte aus Iris Berben und Hannelore Elsner couragierte Sängerinnen, und nie werde ich ihm vergessen, wie er zu meinem 60. nach einem Uhrenfest in Moskau mitternachts auf einen Stuhl stieg und *Maria* aus der *West Side Story* trällerte. Und beim Rückflug ließen er, Uschi Glas und Boris Becker den Stewart singen und Champagner ausschenken. Mario ist mir einer der liebsten Stars geworden, offen, ehrlich, charmant und voller Humor: „Würde so gern nach *Rossini* noch mal mit Dietl drehen", sagte er mir mal, und ich verstehe, was er meinte: Als Kleberfabrikant Haffenloher war er unerreicht. Die Rolle hat Dietl, obwohl ich es ihm umgehend mitteilte, dann leider nicht mehr geschrieben. Meine weiteren Lieblingspaare: Prinz Poldi und Prinzessin Uschi von Bayern, die mit Humor und Natürlichkeit jede Gästeliste zieren, Jan Josef Liefers und Anna Loos, deren Innigkeit ich zuerst auf einem Schiff vor Monte Carlo und auf vielen Filmfesten erleben konnte, Regisseurin und Autorin Doris Dörrie mit Constantin-Chef Martin Moszkowicz, Thomas und Claudia Anders, Steven Spielberg und Kate Capshaw, Oliver und Katrin Berben, Heiner und Viktoria Lauterbach, Erich und Regine Sixt – das Mietwagenpaar ergänzt sich auf wunderbare Weise und gehört zu den Topgastgebern der Republik. Mut zur Ehe machen auch Lodenfrey-Chef Ralph-Michael Nagel mit seiner Frau Sabina, Uschi und Peter zu Hohenlohe (der auch meinen Musikverstand schärft), Nadja Uhl und Kay Bockhold, Horst und Hella Janson, Moderator Frank Elstner und seine Frau Britta. Den Erfinder von *Wetten, dass ..?* schätze ich besonders: Zweimal war ich bei ihm zu Gast in der Baden-Badener

Talkshow. Seine interessierten und pointierten Fragen ohne eine Spur von Häme, seine Gastfreundschaft (einmal bewirtete er die Bild-Kollegin Christiane Hofmann und mich königlich in seinem Haus) und seinen Respekt – da könnten sich einige Neutalker was abschauen. Uwe und Natascha Ochsenknecht waren übrigens auch mal so ein Paradepaar. Ich hatte schon für die AZ ihre Hochzeit bei München mitgefeiert (eine bekannte Fotografin entlockte mir Ort und Uhrzeit), Stunden bei ihnen zu Hause verbracht und eine Reportage über die talentierten Kinder geschrieben. Ich fand, sie passten super zusammen. Und dann steh ich mit Natascha auf einem Kunstfest im Münchner Hofgarten, und sie verblüfft mich total mit der Aussage: „Wir sind schon seit elf Monaten getrennt." Das heißt was, in der Zeit von Instagram und Facebook, ein Geheimnis so lange für sich zu behalten. Sie bat um Fotos und Interview auf Mallorca, was mir nur recht war, und es wurde, bei allem Ernst, einer meiner heitersten Artikel. Ihre Schlagfertigkeit und ihr freches Mundwerk gefielen mir. „Entschuldige, Uwe, wenn ich störe, aber würde es dir was ausmachen, mal den Müll runterzutragen" und so weiter. Es waren Sätze ohne Anklage, die mir von einer entschlossenen Trennungswilligen irgendwie neu waren. Dennoch war Uwe, den ich natürlich genauso lange kenne, nicht „amused" darüber. Dass ich es führte und dass sie so vorpreschte. Er hat es mir lange vorgeworfen, aber jetzt, mit seiner neuen Frau Kiki, scheint alles vergessen. Bei Trennungen gibt es immer Sieger und Besiegte oder Freunde, die sich auf eine Seite schlagen. Das ging bis jetzt an meiner Ehe vorüber. Dennoch kann ich es mir genau vorstellen, wie man sich fühlt, wenn sich gemeinsame Freunde abwenden.

Schieflagen

Unvorhergesehenes gehört auch zu unserem großartigen Beruf, nicht alles kann reibungslos ablaufen. Zum Beispiel mein Interview mit dem Aga Khan kurz nach der Trennung. Auf dem Pariser Flughafen vermittelt vom Anwalt, fing es im Berliner Adlon relativ positiv an und endete sang- und klanglos. Das Oberhaupt der Ismaeliten verbat sich jegliche private Frage, wollte ausschließlich über seine Charity-Organisation sprechen. Ich hielt mich dran, erwähnte nur kurz, dass ich seine Tochter kenne. Der Aga Khan zog nach zwei Tagen das Gespräch zurück, obwohl er es gesucht hatte. Schade.

Ganz anders wieder sind Inszenierungen, die einen geradezu verblüffen: Peinlich berührt war ich beim Schaumbad eines Prinzen in Berlins Schlosshotel Grunewald. Paul Sahner mit seiner Samtstimmme hatte Ferfried „Foffi" von Hohenzollern und seine Freundin Tatjana Gsell überredet, in die Wanne zu steigen und dabei Schampus zu schlürfen. Die Beziehung hielt nicht ewig, aber im Hotel erinnert man sich noch gut an das Paar, das gar nicht mehr ausziehen wollte. Es sind Momente, wo man Prominente vor sich selbst schützen möchte.

Und im Schneechaos endete schließlich eine meiner Reisen zum Wiener Opernball. Dreimal waren wir schon in der LH-Maschine, mussten wieder aussteigen, nix ging mehr. Für eine Bahnreise war es schließlich auch schon zu spät, und ich sah mir den Ball zwangsläufig vorm Bildschirm an. Seltsamerweise hatte ein Freund eines Burda-Vorstands am Flughafen mit mir auf die nächste Maschine gewartet und gehört, wie ich vor mich hinmoserte: „Gut, dann hat die Bunte eben keinen Opernball." Ein paar Tage später wies der Chef ich darauf hin, dass es auch Züge nach Wien gäbe. Ja mei, wenn man's gewusst hätte, aber er hat ja recht …

Wieder mal auf den letzten Drücker kam ich zum Formel-1-Rennen in Monte Carlo an. Auf dem Weg schnell noch ein Dinner mit Stars in den Bergen über Monaco absolviert und dann an den Hafen. Helle Aufregung. Das Reemstma-Schiff, auf das ich eingeladen war und per Tender kommen sollte, war einer Havarie unterworfen – das heißt, das Personal streikte, und keiner durfte mehr an Bord. Was tun? Hotels sind bekanntlich am Megawochenende zwischen Filmfestspielen und Autorennen heillos überbucht, kein Bett in Sicht. Das fand ich schließlich in Form eines Sofas bei einer PR-Agentin, mit der ich dann umso erleichterter im Jimmy'z abfeierte. Prinz Albert

(damals noch nicht Fürst) war da, Boris Becker, ein ziemlich ange-
heiterter Skifahrer aus Österreich und Otto Kern. Dem Modeunternehmer, der mich die folgenden Jahre oft nach Monaco oder Miami
einlud, verdanke ich viel. Und konnte gar nicht fassen, dass er bei
einem Fenstersturz einen sinnlosen Tod gefunden hat.

Neid – tabu in diesem Job

Ein Kollege behauptete neulich steif und fest, er habe meinen Vertrag
gesehen und wisse, dass ich bei Bunte eine beträchtliche Kleider-
zulage und First-Class-Flüge erlaubt bekommen hätte. Schön wär's
gewesen. Er hat ihn garantiert nicht gesehen (wo denn auch?), denn
nix davon stand drin. Ein typischer Fall von Bluff. Ich war nie so
kapriziös, liegend fliegen zu wollen. Es hätte mir allerdings Geld
gespart, wenn ich weniger Klamotten gekauft hätte. Meinen Mann,
der jede Tüte aus der Stadt seufzend quittiert und mit Argwohn
betrachtet (nicht aus Geiz, sondern weil er sich um den Platz sorgt),
hätte es am meisten gefreut. Oft musste man ja auch vor Ort in
Hollywood, Cannes oder Paris was kaufen, weil noch ein Event dazu-
kam. Sind nicht Argwohn und Neid etwas Furchtbares? Etwas, was
den Energiefluss heftig stört?
„Neid ist eine der wichtigsten Ursachen für Unglück", sagte Literatur-
nobelpreisträger Bertrand Russell. Und in Rolf Dobellis Buch
Die Kunst des guten Lebens liest sich eine Passage: „Neid beein-
trächtigt die Lebenszufriedenheit stärker als körperliche Gebrechen
oder finanzieller Ruin."
Natürlich ertappt man sich ja auch selbst mitunter damit, aber sollte
das sofort wieder ad acta legen. Wäre ich in meinem Job neidisch
gewesen, so hätte ich bei vielen Terminen vor Ärger Schnappatmung
bekommen. Zum Beispiel angesichts der baumlangen und blutjungen
Giraffen bei der jährlichen AmfAR-Gala im weltberühmten Eden-Roc-
Hotel in Antibes, die sich in transparenter Spitze wie Avatar-Geschöpfe
durch die Palmenalleen schlängeln. Dieses Fest, bei dem stets Millionen

für die Aidshilfe zusammenkommen, ist das absolute Highlight der südfranzösischen Festspielsaison. Gern schlich ich mich damals noch zur Grande Dame Liz Taylor, die mit ihrer Aura bis zur Rollstuhlzeit alle fesselte. Ein Freund aus Los Angeles hatte mich ihr vorgestellt. Ist man mit Legenden erst mal so nah konfrontiert, so ist das immer aufs Neue spannend, ehrlich gesagt, auch heute noch. Diese unglaubliche Gala mit so vielen Stars, mit Sharon Stone auf dem Schoß der Männer, um ihnen Spenden zu entlocken, und mit zu versteigernden Kunstwerken! Wäre man als Journalist neidisch, könnte man sich ja null freuen über die Oligarchen, die da für einen Abend mit Leonardo DiCaprio oder ein Kunstwerk von Andy Warhol, angeheizt von Simon de Purys Hammer, so viel Geld springen lassen. Oder für das exzentrische Auto des exzentrischen Fiat-Erben Lapo Elkann, dessen heftige Sommerliebe zu Model Shermine Shahrivar dort begann – und auch bald wieder endete. Nein, neidisch bin ich nicht. Ich freue mich einfach nur, dabei zu sein.

Neid wäre zum Beispiel auch Gift bei Einladungen von vermögenden Menschen an oberbayerischen Seen oder war auch in der Entourage von Gunter Sachs oder Friedrich Karl Flick nicht angebracht. Oft war ich bei FKF zu Gast, im Münchner wie Fort Knox bewachten Haus, in der Steiermark oder auch, als er nach schwerer Krankheit auf der Bühlerhöhe kurte. Er pflegte Freundschaften, war stets ein wenig misstrauisch und schüchtern. Erst bei Gelagen im Restaurant Franziskaner von Eduard Reinbold oder im Haus an der Isar lief er zur Hochform auf, als Gast war ein frühes Wegkommen mitunter äußerst schwierig.

Bei Gunter Sachs wäre Neid sogar richtig kontraproduktiv gewesen. Man hätte sich ja schließlich um alle Freuden gebracht. Der gastfreundlichste Mensch der Welt tat alles, damit sich seine Gäste bei ihm wohlfühlten. Ob in St. Tropez in seinem Haus direkt am Meer, ob in Gstaad in seinem Chalet oder im New Yorker Townhouse: Besuche waren immer anregend und spannend, man war willkommen. Und Neid auf die blonden jungen Models, die ihn umgaben, war ebenso fehl am Platz. Bei ihm herrschte stets eine adrenalingeschwängerte, familiäre Atmosphäre. Er sah mich nicht als Claqueur, dem alles gefällt, sondern als Freund. „Mit dir kann ich wenigstens reden", sagte er mir auf meine Frage, ob ich den baumlangen Models denn gewachsen sei. Seine Loyalität zu Menschen und seine Liebe zur Perfektion, sein Humor und seine Bildung, seine Empfindlichkeit und Großherzigkeit waren außergewöhnlich. Einmal habe ich ihn enttäuscht, als er anrief und wollte, dass ich am nächsten Tag in St. Tropez bin. „Wir feiern zusammen den Nationalfeiertag, den 14. Juli, und fahren mit dem Boot raus, um das Feuerwerk zu beobachten", versprach er. Eigentlich war mir sofort danach, aber ich hatte zugesagt, zum 100. Geburtstag von Aenne Burda in Offenburg zu sein, wo der genialen Heftmacherin und Ehefrau von Franz Burda, dem Senator, wie wir ihn nannten, eine Gedenkstunde ausgerichtet wurde. Ich hatte Hubert Burdas Mutter immer sehr bewundert für ihre Tüchtigkeit und ihre Gradlinigkeit. Also sagte ich Gunter ab und fuhr mit dreimal Umsteigen per Zug nach Offenburg. Das Haus, das mich beschäftigte, ging schließlich vor, so habe ich es immer gehalten.

Mit Neid wäre ich wohl auch kaum in New Yorks Wochenenddorado Southampton weitergekommen. Staunend inspizierte ich den direkt am Meer gelegenen Palast von Sotheby's-Boss A. Alfred Taubman. Ein duftender Garten wie aus Eden und das Interieur passend zum Kunstkenner voller Schätze. Der Owner musste sich allerdings sehr viel später von allem trennen, weil er in furchtbare Geldprobleme verwickelt war. Rund um Taubmans reihten sich die schönsten Paläste wie aus einem Gatsby-Film. Blühende, duftende Gärten, Möwengeschrei und das brausende Meer – man kann die New Yorker verstehen, dass sie am Wochenende in dieses Paradies fliehen. Kraftvoller könnte der Gegensatz zur tosenden Stadt kaum sein. Das empfand wohl auch Thomas Gottschalk, der seinen 60. Geburtstag nach einem Dinner im New Yorker Hotel Plaza Athénée und einem Musical auf dem Broadway in den Hamptons ausklingen ließ. Er wollte keinen steifen Festakt, das hätte nicht zu ihm gepasst. Nur 40 Freunde waren geladen, und ich war stolz, zu der Runde von Klaus Wowereit bis Günther Jauch zu gehören. Was mich wiederum in den Konflikt stürzte: „No Berichterstattung bitte."

New York! Herzrasen erfasste mich jedes Mal schon bei der Einfahrt über eine der Brücken. Trotz Jetlag und zermürbendem Einreisebrimborium war ich hellwach. Diese vibrierende, anregende Wahnsinnsstadt! Oft nur für einen Abend wie eine Funkelschau von Cartier oder ein Modefest von Hugo Boss angesteuert, wo der leibhaftige Woody Allen mit seiner Band auftrat, machte sie mich von Mal zu Mal süchtiger. Die schönste Einladung kam nicht von einer Firma, sondern von einem ganz besonderen Paar: Regisseur Carlo Rola und seine entzückende Frau Dennenesch Zoudé heirateten mit Gospelgesang und vielen Emotionen. In der Stretchlimousine erreichten wir die Hochzeitskapelle und die zwei Feierlokale Indochine und Cipriani (Downtown), die ich später noch oft aufsuchte. Ein Jahr später erneuerten sie ihr Jawort in Nairobi, wo Rola mit Hardy Krüger sen. und Zoudé drehte und mich mitnahm. Dieses magische Licht und dieses besondere Paar, inspirierend. Noch einmal erlebte ich ihn – als Regisseur auf einem Schiff zwischen Palma de Mallorca und Barcelona, wo Friedrich von Thun die schöne Franziska Knuppe filmreif um die Ecke brachte, auch da war ich beeindruckt von seiner kernigen Art. Viele Jahre waren den beiden nicht vergönnt. Rola, der das Leben liebte, starb mit 54 an Herzversagen. Ich war erschüttert.

Die Burda-Family

Auf Betriebsfesten wurde die große Burda-Familie, frei nach dem Motto „We are Family", immer wieder hochgepriesen. Dass so ein enges Miteinander in einer Redaktion nicht immer harmonisch sein kann, ist auch klar. Mit meiner Lieblingskollegin Ulrike Reisch war ich von Petra Schürmann zum letzten Interview gebeten worden. Zur Erinnerung: Nach dem furchtbaren Unfalltod ihrer Tochter Alexandra Freund hat es der beliebten Moderatorin und einstigen Miss World buchstäblich die Sprache verschlagen. Es hieß zwar, dass eine gewisse Sprachstörung schon vorher diagnostiziert worden sei, aber nach dem schweren Schicksalsschlag konnte Schürmann gar nicht mehr sprechen. Also tippte sie ihre Antworten bei unserem Gespräch in die Tastatur ihres Handys. Wir waren beklommen und ergriffen zugleich. Ganz ruhig lief diese Prozedur ab, bis eine SMS ihr Handy erreichte: Warum sie denn nun mit uns spräche und nicht mit XY aus der Redaktion. Ich fand das eher seltsam, weil ja nicht wir uns aufgedrängt hatten, sondern sie mit ihrer besten Freundin Uschi von Bayern das so wollte. Zurück im Büro überhörte ich so was wie „Kollegensau“ und schüttelte es wieder ab. Wie gehabt: „mein Prominenter, dein Prominenter.“ Diese eigenwillige Einteilung bestimmte auch die Konferenzen, wo mitunter die Fetzen flogen. Die Fetzen reichten von „An der Story war ich doch schon lange dran“ bis „Wo ist denn da bitte die Geschichte?“. Es berührte mich mitunter unangenehm, wie zynisch Fotos kommentiert wurden, denn mit Zynismus, sofern er nicht feinsinnig daherkommt, konnte ich nie viel anfangen. „Die war auch schon mal dünner und jünger“ oder „Das Kleid ist ja von vorgestern …“ oder „Sieht ganz schön ungevögelt aus …“. Paul Sahner, von Gunter Sachs respektvoll die „Mehrzweckwaffe“ genannt, hatte bei größter Ratlosigkeit oft eine rettende Idee. Geschickt steuerte er die Stimmung um, wenn beim Abfragen von „Was macht eigentlich Ernst August?“ oder „Hat denn Madeleines Mann nicht wieder ’nen Skandal parat?“ nichts Gescheites herauskam. Dass diese zwischenmenschlichen Misstöne heute in allen Büros an der Tagesordnung sind, beweist das Buch von Axel Hacke *Über den Anstand in schwierigen Zeiten und die Frage, wie wir miteinander umgehen*. Lesenswert. Wahrscheinlich ist mir auch die Aufforderung, dem Betriebsrat beizutreten, nicht unbedingt bekommen. Es war eine gute und interessante Aufgabe, aber den Kommentar einer Agentur „Die rote Gräfin“ hätte man sich sparen können.

Die Hypothek der Stars

Celebrities. Vom schwierigen Glück, berühmt zu sein heißt ein Buch von Borwin Bandelow, das auch Whitney Houston, Sid Vicious, Amy Winehouse und andere abgestürzte Stars beleuchtet. Wie und warum kommt es so weit? Wann zeichnet sich der Untergang durch Drogen ab? Das habe ich mich oft gefragt. Wenn ich an Whitney denke, dann natürlich sofort auch an Mister Music Monti Lüftner, den immer fröhlichen und so charismatischen Plattenboss. Bei seinem Geburtstag in München hat sie gesungen, topfit und strahlend schön. Wir trafen sie wieder nach den Grammys im Madison Square Garden in New York und dem anschließenden Streifzug durch Big Apples Nachtlokale. Wie ich diese endlose Nacht mit Aretha Franklin und Whitney Houston genoss! Die Musik, die Leichtigkeit, losgelöst fühlte ich mich. Der heiß umgarnte 24-jährige Chris Martin, der zusammen mit seiner Band Coldplay seinen ersten Grammy absahnte, bleibt seinem Image als Ladykiller bis heute treu. Auf Ehefrau Gwyneth Paltrow folgten einige sexy Ladys. Und nun also Dakota Johnson, Verführerin aus *Fifty Shades of Grey*, was mal wieder beweist: Nicht nur in München tauschen sich immer wieder die Gleichen mit den Gleichen aus, sondern auch in Hollywood und New York, siehe Sean Penn, Melanie Griffith, Jack Nicholson etc. Vor 13 Jahren war das – und Whitney eine Beauty. Dann stirbt sie nach unzähligen Opiaten in einer Badewanne. Eine weitere Zufrühgegangene lernte ich nach einem Konzert für Nelson Mandela im Londoner Hyde Park kennen. Amy Winehouse war da noch blutjung und schon deutlich angeschlagener als Whitney. Beim anschließenden Empfang im Zelt mit Mandela und den Sponsoren fielen mir besonders ihre tieftraurigen Augen auf, man hätte sie am liebsten in den Arm genommen. So wie Jennifer Nitsch, die ich kurz vor ihrem Fenstersturz noch auf einem Filmempfang erlebte – fahrig, unkonzentriert. Was muss in ihr vorgegangen sein, dass sie sich so aufgab? Mich hat das Dunkle hinter einer Fassade stets brennend interessiert.

Oscar für Deutschland

Schon 1980 ging der Oscar nach Deutschland für Volker Schlöndorffs *Die Blechtrommel*. 2003 erhielt ihn Caroline Link für den besten fremdsprachigen Film, *Nirgendwo in Afrika*, die wie Florian Henckel von Donnersmarck die Hochschule für Fernsehen und Film in München absolviert hatte. Die gefeierte Regisseurin kam in letzter Sekunde nicht, weil sie bei ihrem kranken Töchterchen blieb. Großartige Geste einer Mutter. Schon fünf Jahre zuvor war Link von der Academy of Motion Picture Arts and Sciences nominiert worden, für ihren wunderbaren Film *Jenseits der Stille*. Ich erinnere mich genau an ihr atemloses Ankommen auf dem längsten roten Teppich der Welt, in diesem Jahr stand alles unter dem Stern der *Titanic*. „Ich habe meine geliehenen kostbaren Ohrringe im Auto verloren", stöhnte sie, begleitet vom damaligen Deutschlandfilm-Repräsentanten Hubert von Spreti. Die Leihjuwelen tauchten wieder auf, aber der Oscar ging in die Niederlande an *Karakter*: Caroline nahm's mit der ihr eigenen Fassung.

Zweimal hatte ich mit dem nominierten Bernd Eichinger mitgefiebert, beim *Untergang* – Bruno Ganz wirkte etwas verloren in Hollywood – und beim *Baader Meinhof Komplex* mit Stefan Aust: Es sollte nicht sein. Dann kam der Siegeszug mit Florian Henckel von Donnersmarck im Jahre 2007 – wie der Zweimeterhüne von seinem Sitz im Kodak Center hochschnellte, als sein Film *Das Leben der Anderen* verkündet wurde. Man muss sich diese Goldzeremonie als endlos zehrende und adrenalingeballte Spannung vorstellen: Drei Stunden schrittweise vorwärts unter dröhnendem Geschrei und unter Hubschraubergebrumm auf dem roten Teppich, vier Stunden Verleihung, für einen hoffenden Anwärter ist der Hype kaum auszuhalten. Florian habe, so bemängelten einige Dauerkritiker, den Sieg zu selbstsicher genommen. Ein großer Mann wirkt möglicherweise wirklich etwas abgehobener – ist er aber keinesfalls. Ich habe ihn die Tage vorher viel gesehen und war beeindruckt, mit welcher Hingabe und Professionalität er in jedes Mikro sprach, denn das kostet Nerven. Besonders gefiel mir, als er am Vortag der Oscars bei der Feier der zu wählenden fremdsprachigen Filme sprach. Er sah mich im Publikum, dankte explizit dafür, dass ich ihm vor Jahren beim Abschlussfilm der Film- und Fernsehhochschule geholfen hatte – ich hatte bei Arri eine Kamera für seinen Kurzfilm *Dobermann* ausgeliehen. Nun grüßte er dafür von der Bühne runter und stellte mir danach alle vor: Beim festen Händedruck mit Clint Eastwood, der mit seinem wunderbar gelebten Gesicht und den blitzenden Augen vor mir stand, bekam ich sofort weiche Knie. In Florians ergreifendem Film über innere Zerrissenheit und Verrat – dreimal habe ich ihn gesehen und war dreimal tief bewegt – berührt vor allem die subtil gezeichnete innere Wende des Stasi-spitzels (Ulrich Mühe), der im Film vom Saulus zum Paulus wird. Doch die ergreifendste Szene spielte sich nach der Oscarverleihung bei der Party im Haus von Produzent Roland Emmerich ab. Ein Gänsehautmoment. Überall Gewusel, Gläserklirren, Lachen, Freude. In der blumengeschmückten Bibliothek stieß ich auf Susanne Lothar, Mühes Frau, in Tränen gebadet. Erst Tage danach wusste ich, warum sie so bitterlich weinte: Mühe war todgeweiht zu den Oscars geflogen und starb wenig später. So viel Glück und Trauer auf einmal, das ist fast gar nicht auszuhalten. Und wenn ich an Florians Oscar denke, dann sehe ich Mühe und seine Frau ganz deutlich vor mir. Sie hatte keine Kraft mehr, ohne ihn weiterzuleben.

Beste Gastgeber

Nicht die, die protzig auffahren, bleiben im Gedächtnis, sondern die, die sich bei einer Einladung wirklich Gedanken machen. Die sich vorstellen können, wer mit wem Gesprächsstoff hat, und die ihre Tischordnung danach ausrichten. Hubert Burda kann das, und Gunter Sachs konnte es ebenfalls, Fürstin Marianne „Manni" zu Sayn-Wittgenstein-Sayn beherrscht es bei ihren Lunches in Fuschl perfekt, Nanette Gehrig mischt Kunst gekonnt mit Society, BMW-Mann Hans-Reiner Schröder ist geradezu ein Tausendsassa, von denen wir mehr bräuchten, Thomas Greinwald, Brigitte und Wendelin von Boch, Minki und Hayo Willms, Steffi von Pfuel, Olga Haindl, Gloria (ihre Fest-spiele sind mittlerweile weltberühmt), Conrado und Martine Dornier sowie Inge Fürstin von Wrede-Lanz haben ein gutes Händchen – und die zielsichere Eva O'Neill, die Schwiegermutter von Prinzessin

Madeleine von Schweden. Ihre Amadeus-Weekends in Salzburg, einst mit Donald Kahn gegründet, um die glamouröse und internationale Ära der Karajan-Zeit wieder aufleben zu lassen, sind eine Trouvaille. Betuchte Gäste aus aller Welt lieben es, dass ihnen hier zwei Opern und Konzerte vorgesetzt werden, ohne dass sie einen Finger krümmen müssen. Essen in Schlössern, Fahrten nach Fuschl und Ausklang im Goldenen Hirschen inklusive. Jedes Land ist vertreten, zum Ausklang ist man um viele Eindrücke und um einen Packen Visitenkarten reicher. Wer hier keine Freundschaften macht, macht sie nirgendwo.

Meister der Gastfreundschaft ist auch der Salzburger Stargalerist Thaddaeus Ropac, bei dem ich seit über 20 Jahren das Glück habe, ab und an eingeladen zu sein. Ob in seinem denkmalgeschützten Schloss Emslieb, wo „Wolferl" Mozart einst Klavier übte, in der Villa Kast am Mirabellplatz (mit Vernissagen von Imi Knoebel bis Georg Baselitz) oder in Paris – Ropac dirigiert seine Abende mit einer solch gekonnten Leichtigkeit, spritzigen Mixtur und Liebe für die Gäste, dass man dankbar sein kann, dabei zu sein. Das Schönste, was ich mit ihm erlebte, war ein Fest, das er zusammen mit Gloria von Thurn und Taxis zu beider 50. Geburtstag gab: Crazy Outfits waren Trumpf in Pierre Cardins Art-déco-Dorado Maxim's, Bismarcks neben Künstlern wie Erwin Wurm oder Sylvie Fleury, Rebell Peter Marino in Lack und Leder und Gloria im babyrosafarbenen Jumpsuit mit Puscheln. Wie schon früher bei Goldies Geburtstagen sang die vielseitige Fürstin von der Bühne, und wir rockten alle mit. Und am nächsten Tag ruderten uns Matrosen über einen schönen See im Bois de Boulogne – von Napoleon III. angelegt mit Enten, Hechten, Karpfen – zum Künstlerbrunch im Restaurant Le Chalet des Îles. Gibt es so was noch? Wohl schon. Aber es wird nicht mehr darüber berichtet.

Gigantisch und unerreicht war das Zweitagefest der Modefamilie Ferragamo in Hollywood. Zum 100. Jubiläum ihrer kunstvollen Schuhe, die schon Stars von Ava Gardner bis Grace Kelly trugen, spendeten sie Milliarden für das neue Kulturzentrum Wallis Annenberg am Santa Monica Boulevard und boten abends alles auf, was Hollywood ausmacht: Demi Moore, Jodie Foster, Gwyneth Paltrow, Tom Hanks, Lady Gaga, Gwen Stefani und so viele mehr. Es war das wohl teuerste und glamouröseste Privatfest, das ich in 40 Jahren erlebt hatte. Und nach 25 Oscarverleihungen sowie 15 Golden Globes einer meiner letzten Ausflüge in diese Traumstadt. Ehrlich gesagt, habe ich die Tage dort am allermeisten in mich aufgesogen, man fühlt sich so jung in dieser Stadt, in der es an allen Ecken und Enden brodelt. In der man sekündlich neu inspiriert wird. Und in der sich keiner was vergibt, wenn er Komplimente macht. Vom Portier im Hotel (als wären die Spuren des langen Fluges unsichtbar) bis zu Stars, die einen null kennen, aber professionell freundlich sind. Davon könnten sich manche Rote-Teppich-Zicken bei unseren Verleihungen eine große Scheibe abschneiden. Nirgendwo auf der Welt habe ich so viel Wehmut verspürt wie bei meinem Abflug in einer großen Schleife über die hell erleuchtete Riesenstadt, erst in den Bergen hinter Hollywood lässt die Aufregung nach.

In aller Welt

Die Jahre rasten dahin, und bei allem Terminstress hat mich nie die Dankbarkeit verlassen, so vieles sehen zu dürfen. In welchem Beruf wäre es schon möglich, derart spannende Menschen, Filme, Theaterstücke, Feste und Kunsthappenings zu erleben? Da nimmt man die Handvoll Langweiler und Trittbrettfahrer sowie Überstunden gern in Kauf. Und wie faszinierend war es für mich Allgäuerin, all die Metropolen der Welt zu erobern, angefangen mit Berlin, wo mein Lieblingskollege Daniel Funke das Bunte-Büro leitet. Welch Vielfalt der Locations lernten wir allein bei einer Berlinale kennen: Auftakt mit Fest im Adagio, einer Mischung aus Tropfsteinhöhle und Rocky Horror Picture Show unterm Potsdamer Platz; schräge Partys in Clärchens Ballhaus mit Kate Winslet, Wim Wenders und einem feierfreudigen damaligen Bürgermeister; in der spanischen Botschaft; Brunch am See oder in Potsdam; Einladungen mit aufregenden Gästelisten von Produzent Nico Hofman im Grill Royal oder Constantin-Feste im Borchardt.

An keinem anderen Ort ist es so egal, ob man 17 oder 70 ist. Iris Berben, Uschi Glas und Senta Berger sind die meistumlagerten Queens der langen Nächte.

Tage in Berlin waren meist verschwommen unter regengrauem Himmel, aber bunt gemixt – sie glichen einer intensiven Stadttour. Oft endeten die späten Abende etwa mit Hannelore Elsner und Bernd Eichinger in einer Currywurstbude, deren fahles Licht unsere Gesichter grün färbte. In 24 Stunden mehr reinpacken geht kaum.

Auch Modeschöpfer hatten ein feines Händchen für ausgefallene Locations: Die alte Schiffswerft, das ehemalige Postamt oder eine ausgediente Fabrik waren die Kulissen für kerzenerleuchtete und blumendurchtränkte feine Dinner. Unvergessen auch die üppigen Gelage beim russischen Botschafter Vladimir Kotenev und seiner Frau Maria. Am wuchtigen Palast unter den Linden mit Stahltüren wie bei Fort Knox warteten Passkontrolle und Patrouille, drinnen empfing uns ein Schlaraffenland, Tische bogen sich vor lauter Lachs und Kaviar, Wodka und Champagner. Angetörnt von so viel Sinnesrausch zeigte Unternehmer Jürgen B. Harder seine Liebe zur schönen Franziska van Almsick. Berlin schien wie ausgehungert nach solchen Exzessen. Man kann es neureich (vom Gastgeber) oder kritiklos (von den Gästen) finden, aber jeder machte mit.

Berlin, eine Art Jungbrunnen, macht was mit einem, die Nächte werden zum Tage. Zweimal traf ich beim Auschecken im Hotel Adlon Übrigbleiber vom Vorabend: Sir Bob Geldof, mit dem ich Stunden zuvor bei der „Cinema for Peace"-Gala den optimalen Tischnachbarn hatte (so unkonventionell und hochinteressant!). Und Ben Becker – etwas verwüstet nach der Premierenfeier von *Comedian Harmonists*. Wenn ich ihn später bei *Jedermann* in Salzburg oder bei der Prinzessin von Auersperg-Breunner am Attersee, die ihn für ihre Festspiele gewann, traf, war er immer noch der wilde Bub von damals. Und manchmal stieß ich auf einen der Größten der Filmgeschichte an der Rezeption, der mir zum Abschied gern ein Döschen Kaviar in die Hand drückte: Atze Brauner. Einmal war es eine Faltencreme – und das gab mir zu denken.

Und was bitte ist das Geheimnis des Borchardt-Restaurants, stell-vertretend für alle in Berlin? Es ist die Leichtigkeit des Seins, die international lässige Art der Kellner, die coole Speisekarte. Spannend, schon beim Hereinkommen alle Konstellationen zu taxieren, je mehr in der Mitte, desto wichtiger. Die Constantin-Film-Bosse nehmen immer im Zentrum Platz. Die Schnitzel sind köstlich und überbordend groß, nach Mitternacht darf man rauchen. Und das tun sie dann auch alle, die coolen Nachwuchsstars – bis man nicht mehr raussieht zu den unwichtigen Randtischen.

Wie angenehm: In Berlin ist die äußere Schale meist nicht so wichtig, Dresscodes gibt es nicht, vielleicht gefällt uns das deshalb so gut als Alternative zu München und Düsseldorf. Dort auf der Kö ist man stets besonders aufgeputzt, das fiel mir schon beim ersten Besuch in der Eickhoff-Kleideroase auf. Aber Düsseldorf hat weit mehr zu bieten als Gold und Glitzer: Unvergessen sind die Opernabende von Kunst-sammlerin Gabriele Henkel, realisiert vom großen Robert „Bob" Wilson. Das Fest, das sie ihrem Mann Konrad Henkel zum Geburtstag ausrichtete, war eine kulturelle Sensation: Arien von Opernstars, Nachdenkliches von Otto Schenk, das ganz große Orchester. Ebenso gern erinnere ich mich an elegante Abende bei der Kölner Bankiers-witwe Jeane Oppenheim mit den Künstlern Günther Uecker und Jörg Immendorff. Sie waren nicht nur Freunde, sondern auch gut mit ihren Kunstwerken im Haus vertreten und beeindruckten mich mit ihren Frauen Christine und Oda Jaune. Die Kunstschmiede Rheinland war für mich ein ganz neues Terrain. Oder die Inszenie-rungen von Gerard Mortier bei den Ruhrfestspielen – einfach grandios: Allein die Anfahrt zu diesen eisernen Hallen und die immensen Dimen-sionen, da lässt sich Theater großartig zelebrieren. Die Galeristen-szene blühte damals wie heute, besonders inspiriert haben mich Hans Mayer, der Entdecker Andy Warhols, sowie die Langen Foundation von Sabine Langen-Crasemann: Feiern unter moderner Malerei, das hat was. Der damalige Drahtzieher war Helge Achenbach, der später über die Bilderaffäre Albrecht stürzte – er hatte nicht damit gerechnet, dass seine Preisdiskrepanzen auffallen würden. Es ist noch gar nicht lange her, dass er uns auf Einladung von VW auf die Art Basel Miami mitnahm, Carte blanche überall. So schnell werden aus Siegern Abgestürzte. Ich liebte diese Kunstreise nach Miami mit Dinnerpartys im Haus von Gianni Versace und Poolfesten in Hotels mit Schauspielerin Susan Sarandon. Eine Schiffsfete mit echten Raubtieren in Käfigen an Bord, die ein französischer und sehr lauter Supermarktmilliardär gab, sorgte nicht nur bei mir für Kopfschütteln … Weiter: Hier ein hektischer Empfang um den Künstler Jonathan Meese, dort ein Essen mit George Hamilton, dem ewig jungen und gebräunten Beau aus Hollywood. Ihn als Tischherrn zu haben, ist nicht die schlechteste Wahl. Er hatte einmal eine meiner Cousinen verehrt und war entzückt, dass wir drüber sprechen konnten.

Ich bin wirklich sehr dankbar, auf diese wunderbare Weise die Welt gesehen zu haben, es war eine pittoreske Abwechslung zur Büroarbeit. Natürlich auch manchmal stressig, wenn man etwa für eine Nacht nach New York flog – aber immer voller Überraschungen.

Fangen wir in Budapest an, der Stadt mit den barocken Kirchen, dem königlichen Palast, dem Gresham Palace im Sezessionsstil, dem Parlament, den Gellért-Bädern und den beeindruckenden Brücken über die behäbig-breite Donau. Gar nicht fassen konnte ich all die Pracht im gleißenden Sonnenlicht, als ich zum ersten Mal in der K.-u.-k.-Stadt ankam. Medienzar Josef von Ferenczy und seine Frau Katharina hatten zur Oper eingeladen. Die Arien und das anschließende Candle-Light-Dinner unter Stuckdecken – unvergessen.

Die prachtvolle Matthiaskirche, Schauplatz der Hochzeit von Sisi und vieler Krönungen, stand bei der zweiten Einladung im Mittelpunkt. Beim Jawort von Fürst Carl von Wrede und seiner Braut Katalin von Bethlen fühlte man sich als Gast in historischen Glamour getaucht, so elegante Roben und wagenradgroße Hüte gab es selten. Die Fascinators (kleine Gestecke mit Federn und Blumen), die kleinen Menschen – so wie mir – besser stehen, weil man, wenn man den Kopf anhebt, auch Riesen sieht und mit ihnen reden kann, tauchten bekanntlich erst später auf. Inspiriert von Englands Hochzeiten und Ascots Pferderennen wurde Philip Traecy bald der große Huthitmacher.

Ich werde ihm nie vergessen, welch schönes Gebilde mit Schmetterlingen und Büschen er mir für die Hochzeit meines Sohnes Maximilian mit Bernadette kreiert hat. Bei der Fashion Week in Berlin hatte ich den großen Meister einfach angesprochen, und er sagte: „Honey darling, just send me the colours of your dress, I will do that!" So ein Schatz.

Zurück zu Budapest: Der dritte und letzte Besuch war Leslie Mandoki zu verdanken: Das Ex-Mitglied der Musikband Dschinghis Khan, als Einziger seiner Truppe noch wirklich erfolgreich, trommelte am Donauufer, das zum Unesco-Weltkulturerbe auserkoren wurde, zum vierstündigen Rockkonzert. Das erforderte Sitzfleisch und Toleranz, denn Viktor Orbán war Ehrengast.

Eine ganz andere Musik, die im Dreivierteltakt, spielte in Wien, einer weiteren K.-u.-k.-Stadt. Schon wegen meinen dort studierenden Kindern war ich sehr gern dort. Wie oft und wie gern bin ich die vielen Treppen beim Opernball hinauf- und hinuntergesaust, habe Logen von Mörtel Lugner bis First Politik gestürmt, Ball-Königinnen von Lotte Tobisch bis Elisabeth Gürtler ausgequetscht und vorab die VIPs im berühmten Hotel Sacher an der Oper belauscht. Eine schrägere Mischung und noch plüschigere Kleider (Schlossvorhängen gleich) gibt's kaum, oft scheinen die Szenen aus „Sissi – Schicksalsjahre einer Kaiserin" entsprungen, wo die Dienstboten statt ihrer Herren in die Oper geschickt werden. Diese wunderbar cremige Melange aus Fasching und Seide, aus Damast und Dünkel gibt es nirgendwo anders auf der Welt. Rund 15-mal genoss ich diese Betörung mit Frack, Diadem und berauschenden Blumen, die vielen Treppen wären mir heute vermutlich zu anstrengend. Filmreif waren auch die Feste von Sacher-Lady Elisabeth Gürtler in der Spanischen Reitschule und jene in der Hofburg, wo man am besten nostalgisch mit der Kutsche vorfährt. Filmproduzent Karl Spiehs, der auf leichte Muse (*Zärtliche Chaoten, Josefine Mutzenbacher*) setzte und viel Erfolg damit hatte, zog eine bunte Mixtur aus Maximilian Schell, Mario Adorf, Thomas Gottschalk, Pierre Brice, Christiane Hörbiger an. Alles leidenschaftliche Spiehs-Gesellen. Und was Gery Keszler mit seinem Life Ball zugunsten

HIV-infizierter und an Aids erkrankter Menschen mit Stargästen wie Donatella Versace, Jean-Paul Gaultier und Vivienne Westwood im Rathaus auf die Beine gestellt hat, dem gebührt große Verbeugung.

Für Modeschöpfer, deren Kreationen den asiatischen Markt erobern und in die Höhe schnellen lassen, ist China die Goldquelle schlechthin. Nach Chanel, Versace und Dior eroberte auch Hugo Boss die dunstigste Metropole der Welt. Einmal Peking und zurück für eine gigantische Modenschau mit der herrlichen Tilda Swinton und den stylischsten Chinesen, die man sich überhaupt vorstellen kann: ein mutiger Modemix bei den 2000 Gästen, den ich so noch nie gesehen hatte. Das Zelt mit dem langen Catwalk war mitten in die Altstadt platziert, Spiegel von allen Seiten vergrößerten noch das fantasievolle Ambiente. Die Führung durch die verbotene Stadt, die so heißt, weil sie nur den Kaisern der Dynastien Ming und Qing bis zur Revolution 1911 offen stand und dem Volk versperrt war, beeindruckte mich nachhaltig. Diese riesigen Ausmaße und Plätze, die geschwungenen Dächer aus Blutrot und Gold, um 1406 begonnen und von bis zu einer Million Arbeitern aus Unmengen von Holz erbaut, ist einzigartig und gehört zum Unesco-Weltkulturerbe. 13 844 Drachen bewachen das gigantische Ensemble. Dann weiter zum Sprint auf die Chinesische Mauer, wo uns Schauspieler Florian David Fitz in Sekundenschnelle abhängte. Was für eine Kondition der hat!

Überwältigend war auch Shanghai, wohin uns die Füllerfirma Montblanc für eine Schmuckmodenschau entführte: eine Bühne am Wasser, Topmodels aus aller Welt und viel Glitzer für die kaufkräftigen Chinesen. Alle Bilder, die ich zuvor von den Wolkenkratzern, den Hochbahnen und dem Verkehrsgewirr gesehen hatte, kamen nicht an die Wirklichkeit ran: Sie waren einfach überragend, futuristisch, unheimlich. Verschwindend klein dagegen Kitzbühel, das Skidorado der Münchner mit dem ganz besonderen Alpenlook-Flair. Viele Silvesterfeste habe ich dort in der Tenne, im Hallerwirt oder bei Freundin Karin Holler durchtanzt, die Lifte als echte Schwäbin bis zum Abstellen abends ausgenutzt, auf der Skihütte mit Eckart Witzigmann Suppe gelöffelt und jedes Jahr beim Hahnenkammrennen erneut gestaunt, wie so viel Fasching und so viele Menschen in ein Dorf passen. Und wer die Bändchen für die Feste im Audi-Zelt am Zielhang besaß, konnte Arnold Schwarzenegger, Niki Lauda, David Coulthard, Fiona Swarovski mit Karl-Heinz Grasser beim Abrocken oder an der Bar anstupsen. Die VW-Elite von Ferdinand Piëch über Rupert Stadler bis Martin Winterkorn, als Gastgeber an einem zentralen Tisch, alle Schnee von gestern. Und gar nicht so lange her …

„Kitz" war auch der Austragungsort einer besonderen Truppe, der Similauner: Von Wolfgang Reitzle, Hubert Burda, Jürgen Schrempp und Herbert Henzler zum Gedenken an die Similauner-Besteigung unter Führung von Reinhold Messner gegründet, traf man sich zur Abfahrt vom Horn oder Hahnenkamm und begoss den Sieg abends in urigen Holzwirtschaften. Eine eingeschworene Truppe mit kernigen Sprüchen und sonnengegerbten Gesichtern. Das Mitwedeln, was mir zweimal gelang, galt als mittelschwerer Ritterschlag.

Wenn ich ans Skifahren und entsprechende Outfits denke, sehe ich natürlich auch St. Moritz mit seinen trutzigen Nobelherbergen Badrutt's Palace und Kulm Hotel vor mir und habe Gunter Sachs' Kunstturm mit den Roy-Lichtenstein-Bädern, den Objekten von Tom Wesselmann, Andy Warhol und Allen Jones noch lebhaft vor Augen. Alles ist ähnlich altmodisch geblieben, außer den sündteuren Modeshops und dem Restaurant Chesa Veglia, wo man auch jemanden kennen muss, um reinzukommen. Barbara von Jugoslawien ist als Member im Corviglia Club besonders privilegiert, sie nahm mich mit zu exklusiven Lunches und Dinners, Abfahrt im Pferdeschlitten inklusive. Zum Skifahren und Wohlfühlen war ich stets lieber am Arlberg, aber zum Staunen ist St. Moritz geeigneter. Der Wedelkurs mit Gloria und Alessandra Borghese, von Eventmanager Philip Greffenius eingeladen, brachte mich in einer Woche um Klassen weiter. Hier mehr Sport, dort mehr Staunen. Diese aufgemaschelten Gäste beim Polo on Ice, oft unerkennbar, wo der Pelz aufhört und der langhaarige Hund beginnt. Und abends zur Charity oder zum Fondue an den Stazersee. Eine Luft, die einen nicht einschlafen lässt. Azurblauer Himmel wie in Gstaad, wo wir vor zehn Jahren mit Mick Flicks

Verkleidungsfest (Motto: „Laszive 20er-Jahre") das sicher fantasie-
vollste Fest der Saison erlebten.

Diskreter Charme und null Angeberei hingegen in Hamburg. Wie oft
war ich dort? Unzählige Male. Ich liebe die Museen der Stadt, ihre
zuckerbäckerweißen Häuser, die Elphi und die Speicherstadt. Nichts
ist laut wie in München, Dinner bei Darbovens (Kaffee) oder Ottos
(Versandhaus) gehen geheim über die Bühne, nur auf Sylt wird manch
Hamburger für seine Verhältnisse frivol. Das muss wohl an der Luft
wie Champagner liegen. Zwischen Heckenrosen- und Crevettenduft
tummeln sich Scheue und Scheiner, Netzwerker und Wohlhabende
beim Krebsessen von Manfred und Katharina Baumann. Schade, dass
die legendären Feste von Figaro Gerhard Meir und Reimer Claussen
in Herbert Secklers Strandlokal Sansibar Geschichte sind. Manche
Ehe ist hier baden gegangen … solche Konstellationen sind unnach-
ahmlich, aber der Bär tobt dort trotzdem weiter.

Strandpartys ganz anderer Art: Schon wegen der Sprache liebte ich
die Ausflüge nach St. Tropez, das mich jedes Mal erneut in den Bann
zieht. Die Palette dieses ehemaligen Fischerdorfs, das stets in warmes
Gelb-Orange getaucht ist, reicht von aufgemaschelt wie bei Schiffs-
partys bis beschaulich in der kleinen Bretterbude Tetou am Strand
Pampelonne. Im Club 55 sitzen unter den prächtigen Platanen
Karl Lagerfeld, Elton John und Maria-Elisabeth Schaeffler auf Tuchfühlung, und jeder fühlt sich schon beim Betreten ein Stück weit
wichtiger. Schwellenangst, die auch ich beim ersten Mal spürte,
war völlig unnötig: Die Tische stehen im Sand, darauf bunte Teller,
bemalt mit Fischen und Muscheln, die Gäste sind in leichtes Leinen
oder Spitze gekleidet, barfüßig, losgelöst. Und zweimal in der Woche
lockt der schönste Markt unter den Platanen der Place de Lices,
wegen des horrenden Ansturms am besten per Bus erreichbar.
Die pittoresken Stände mit den bunten Kleidern, Sandalen, prallen
Blumen, duftenden Gemüsen und würzigen Würsten – erwischt man
am besten ganz früh, wenn die Touristen noch schlafen.

Auch Cannes sollte man unbedingt mal abseits der Festivals besuchen:
diese malerischen Gassen, die herrlichen Strandlokale, die Burg mit

der Kirche, der alte Hafen, die pastellfarbenen Häuser mit den über-bordenden Blumen an den Fenstern. Abseits von Clooney und Co. liegt das Städtchen beschaulich-behäbig da. Mein Lieblingshotel hatte mir einst der Filmmanager Christoph Ott verraten: Das Hôtel de Provence findet sich in der Rue Molière, ist günstig und familiär, das Frühstück wird im Garten aufgedeckt. Hier war es immer so viel schöner als in den teuren Nobelhotels von Majestic bis Martinez. Bars oder Lokale, in denen man beim Festival mit Fatih Akin (nominiert für *Auf der anderen Seite*) oder Nicole Kidman (zur *Dogville*-Premiere mit Lars von Trier) getanzt oder getafelt hat, liegen einsam da, nur ein paar Fischer und Einheimische schlürfen friedlich den Pastis.

Fischer und Filmfantasien – das verbindet Cannes auch mit Venedig. Diese einzigartige Lagunenstadt mit all ihren Gerüchen, Licht-schauspielen, Gassen, Brücken, Gewusel und die hupenden Vaporetti. Wie meine Westentasche kenne ich die Kirchen, Innenhöfe und Lokale und bin bereits süchtig nach ziellosen Streifzügen, sobald ich ankomme. Wundertüten gleich entfaltet sich in den Giardini und im Arsenale die internationale Kunstmesse Biennale. Es ist die Komposition aus den alten Gemäuern mit der hypermodernen Kunst, die überwältigt. Abendliche Gelage unter Kandelabern in alten Palazzi, Einladungen von Giganten wie Bernard Arnault oder François-Henri Pinault. Schiffe wie Eisberge von Russenmilliardär Roman Abramovich, direkt vorm Markusplatz.

Eine ähnliche Szenerie bei den Filmfestspielen im Herbst. Partyhopping auf Fähren oder Wassertaxis, das plätschernde, wackelige und auf-regende Ankommen vor dem mosaikbesetzten Hotel Excelsior, wo sich die ganze alte Pracht entfaltet. Midnight-Cup mit Clooney und Pitt im Hotel Cipriani am Pool, Privatsause mit Al Pacino auf der Nachbarinsel Torcello, Staraufgebot im alten Kloster von San Giorgio Maggiore. Einen besseren Reiseführer als diese Einladungen kann man sich gar nicht wünschen, sie haben mich kreuz und quer geschickt und stets sehr beflügelt. So wie die Wochenenden in der Toskana, zu denen mich Florentiner Familien wie Ferragamo oder Fendi luden. Dort genoss ich die Hügel in der Abendsonne und Gastfreundschaft im besten Sinn. In der Villa La Massa bei Florenz zu wohnen, einem geschmackvoll restaurierten Herrenhaus mit verblichenem Charme, ist einer meiner besonderen Tipps.

Am schönsten, aber zeitlich nicht machbar wäre es, über Florenz mit den Uffizien, der David-Statue und der Ponte Vecchio nach Rom weiterzudüsen, der Ewigen Stadt. Dreimal war ich für Feste dort, leider immer nur viel zu kurz. Einmal schenkte die Glitzerfirma Swarovski der Kirche Santa Maria degli Angeli e Martiri ein großes Kristallkreuz, das mit einem feinen Dinner gefeiert wurde. Zu den Gästen zählten Michail Gorbatschow und seine Tochter Irina, mit der mich seither eine Freundschaft verbindet. Ein anderes Mal nahm uns der großzügige Printenprinz Hermann Bühlbecker mit zur AmfAR-Gala ins Nobelhotel Hassler Roma, das über der Spanischen Treppe liegt. Genau auf den Stufen, wo die Stuttgarter Automanager einst zu laut ihren Chianti geschlürft hatten. Und Geschenke waren Einladungen zu Segelregatten nach Capri (tafeln unter Limonenbäumen, Drink auf der Quisisana-Terrasse) oder nach Portofino, dem kleinsten Fischerdorf Italiens und von Guy de Maupassant so beschrieben: „… wie ein Halbmond erstreckt es sich entlang eines ruhigen Beckens." Schöner als im Hotel Splendido Mare direkt überm Hafen kann man kaum schlafen.

Theater wie bei den Alten Griechen unterm Vollmond erlebte ich auf der Halbinsel Peloponnes in Epidaurus, wo Weltstar Helen Mirren die *Phädra* gab, und Vicky Leandros zeigte mir beim Trennungsgespräch (von Ehemann Enno von Ruffin) auf der Griecheninsel Mykonos die schönsten Plätze. Und den verwunschensten Ort der Welt fand ich im Norden Italiens: Am Lac de Braies spiegeln sich die Berge im glasklaren Wasser, und im Hotel – Schauplatz der Hochzeit von Oliver und Dina von Boch – fühlte man sich nachts etwas wie in *Shining* mit Jack Nicholson. Traumhaft, unwirklich …

Apropos: Hollywoodstars wie Clooney eroberten die italienischen Seen, und wir fühlen uns dort wohl, wo sie ihre Filme drehen: Los Angeles. Ich vermisse es schon sehr. Das Gefühl der unendlichen Weite ist vibrierend. Glücklich ist der, der an die Oscars oder Golden Globes noch ein, zwei Tage Urlaub auf eigene Kosten dranhängen kann: für eine Fahrt nach Laguna Beach beispielsweise, wo man im Surf & Sand Resort die Wellen des Pazifik so drohend laut hört, als schwappten sie ins Bett. Originelle Boutiquen säumen sich hier die ganze Straße entlang.

Eine schöne Route führt über Venice Beach mit den Hippies und Santa Monica mit dem altmodischen Pier und Riesenrad weiter nach Malibu, wo wir einmal mit den Gottschalks und Schweigers nach einem Drink in ihrer Mühle köstlich und heiter im Nobu aßen. Arnold Schwarzenegger, der um die Ecke wohnt, trifft man eher im Italolokal am Rodeo Drive, wo er vielleicht mit Freund Ralf Moeller gerade dicke Zigarrenkringel in die gute Luft bläst.

Auf jeden Fall einen Abstecher wert ist die Villa Aurora hoch über dem Ozean bei Pacific Palisades. In diesem denkmalgeschützten Haus, in dem der deutsch-jüdische Schriftsteller Lion Feuchtwanger und seine Frau Martha während ihres Exils lebten und heute deutsche Stipendiaten residieren, lassen wir einen Tag vor den Oscars die deutschen Nominierten Julia Jentsch und Marc Rothemund für *Sophie Scholl*, hochleben. Sowohl das Haus mit dem hölzernen Interieur als auch die gigantische Aussicht sind umwerfend.

Einsamkeit

Es gibt sie, die Tristesse, wenn auch kurzzeitig. Man spürt schon, wann sie im Anflug ist, wo sie lauern könnte: in den edlen und kühlen Foyers der Monaco-Hotels Hermitage oder Hôtel de Paris beispielsweise, im feinen Pariser Le Meurice mit Blick auf die Tuilerien oder im Plaza in New York. Es ist nicht nur die eigene Einsamkeit, die einen befällt, sondern auch die der anderen. Wartende schöne Frauen mit suchendem Blick, Männer auf Durchreise, alles ein bisschen wie in Sofia Coppolas Film *Lost in Translation*.

Wer den Zeitplan eines Gesellschaftskolumnisten mit all den Terminen und Partys liest, wird sich zunächst denken: „Das ist ja ganz schön oberflächlich" oder „Da kommt garantiert keine Einsamkeit auf". Pustekuchen. Je größer und je geballter der Trubel, desto größer die Gefahr und Sehnsucht nach einer einsamen Insel. Nach zu Hause oder nach Familie. Ich darf nicht klagen, im Gegenteil, weil ich es ja so wollte und auch wunderbare Städte und Menschen kennengelernt habe. Und, vor allem, die fetten Jahre und goldenen Zeiten erleben durfte. Jedoch an Freitagen, die bei Bunte oft bis in die Nacht dauerten, wusste ich, dass die Familie ausgeflogen war und der Samstag einsam sein würde, weil man schon wieder Kraft für den Sonntagsdienst brauchte. In diesen Stunden des Alleinseins, die während meiner 40-jährigen Journalistenzeit immer häufiger wurden, habe ich mich mitunter gefragt: Was mache ich eigentlich hier? Warum untersuche ich das Leben und Lieben der anderen, wenn meines darunter leidet? Ist es so, wie ich es mir auf der Journalistenschule vorgestellt habe?

Um ehrlich zu sein, waren diese Zweifel in der Regel nicht von langer Dauer. Beim Aufwachen in Paris freute ich mich wieder auf Freunde und die nächste Fashionshow, in Hollywood auf die Stars, Ausflüge nach Malibu und – am liebsten – zu Starregisseur Wolfgang Petersen und seiner Frau Maria. Ihr schönes Haus unterhalb des Getty-Museums öffneten die zwei herzlichen Gastgeber traditionell für mich am Tag nach der Oscarverleihung. Wie wohltuend, bei Freunden zu sitzen nach all dem Trubel des Vortags. Müde zwar, weil man bis sechs Uhr früh geschrieben hatte, aber so dankbar, den Macher von Filmhits wie *Das Boot* mit Jürgen Prochnow und Herbert Grönemeyer, *Air Force One* mit Harrison Ford oder *Troja* mit Brad Pitt und Diane Kruger einen Freund nennen zu dürfen. Seine wunderbare Frau Maria hat die hollywoodunübliche Eigenschaft, sich wirklich für andere zu interessieren, wenn sie einem Fragen stellt. Und oft rundete das Ehepaar Gottschalk die Abende ab. Schon beim Ankommen über der leuchtenden Mammutstadt mit dem Sehnsuchtsblick vom Meer zu den schneebedeckten Bergen habe ich mich auf die Petersens und das urige Italolokal um die Ecke gefreut. Ein paar Stunden Echtheit nach viel aufgesetztem Showbiz.

Die *Wende* des *Journalismus*

Die neuen Medien machen den Menschen gläsern, Stars insbesondere. Diven im Stil von Grace Kelly, Maria Callas oder Marlene Dietrich gibt es wegen Instagram, Facebook und Selfies kaum mehr, denn Diven möchten Illusion, Mysterium bleiben, göttliche Auftritte genießen. Ihre Pendants in der Männerwelt, die Dandys, die in „auffallender Kleidung Kirchen oder Jahrmärkte besuchen", sind seit Oscar Wilde und Tom Wolfe passé. Charles Baudelaire bringt es in seinem Tagebuch auf den Punkt: „Der Dandy muss sein ganzes Streben darauf richten, ohne Unterlass erhaben zu sein, er muss leben und schlafen vor einem Spiegel." Von diesem Typ sind die Antihelden der MeToo-Ära weit entfernt. Glamour im Sinne einer glanzvollen, betörenden Aufmachung, die eine Person in ein Kunstwerk verzaubert, trifft man nur noch bei Events wie Hochzeiten, Filmbällen und -preisen: der Bambi-Verleihung in Berlin, der Rot-Kreuz-Gala in Monte Carlo, Privatfesten oder auf den roten Teppichen von Cannes oder in Hollywood.

Glamour bei allen Auftritten versprechen Cate Blanchett, wie jüngst als Jurypräsidentin in Cannes, Julianne Moore, Penélope Cruz, Jessica Chastain, Iris Berben, Senta Berger, Anna Netrebko, Maria Furtwängler plus ein Dutzend Ladys aus der internationalen Society. Glamour ist ein Gesamtkonzept und zeigt nie zu viel. Schlitze bis zum Po, wie sie Bella Hadid, Irina Shayk oder Barbara Meier lieben, fallen nicht in diese Kategorie, denn es geht um Illusion, die entfällt, sobald sich zu viel offenbart. Manche, die sich Diven glauben – und da haben wir gerade auch in der deutschen Schauspielerriege ein paar ganz deftige Beispiele –, sollten sich im Klaren darüber sein, dass mit Launenhaftigkeit dieser Status niemals erreicht werden kann.

Und die einstigen Vorbilder? Die, die Gesellschaft prägten, weil sie vorbildlich, sprich nachahmenswert waren? In Auftritt, Lebenswandel und in Worten? Wen sollen wir noch als Idol bewundern und feiern, wenn Manager in Betrugs- oder Steuerskandale verwickelt sind, ihre Frauen grenzwertige Bikiniposts mit Babybauch aus sonnigen Urlaubsorten schicken, ihre Kinder zu Enfants terribles werden und hehre Namen in die zweite Liga schlittern lassen? Wenn ihre Aussagen nicht mehr mit ihrer Lebensweise zusammenpassen und wenn die Grenzen immer fließender werden? Fehltritte werden toleriert oder, am besten, totgeschwiegen. Wie bei einer führenden Lady eines Luxusunternehmens, deren Betrug aus Imagegründen verschwiegen wurde und die nach wie vor überall präsent ist: Jahrelang hatte sie ihr Unternehmen geprellt, indem sie Bilder fürs Haus kaufte und gleichzeitig ein paar für sich privat abzweigte.

Eigenwillige Journalisten haben es dann schwer, wenn Stromlinienförmigkeit und Konformismus angesagt sind, gefällige Yuppies das Sagen haben und die Berichterstattung in Form von Texten durch Stakkatosätze à la Hashtag ersetzt wird. So kehren Edelfedern wie Sibylle Zehle, die Reisen und Hotels so malerisch beschrieb, dass man sie genüsslich einatmen konnte, Bunte den Rücken zu und widmen sich dem Schreiben von Büchern, etwa über Bühnenbildner Jürgen Rose oder über Salzburgs Theater- und Filmregisseur Max Reinhardt. 1920 hatte er mit *Jedermann* die Salzburger Festspiele begründet und das prachtvolle Schloss Leopoldskron, das er 18 Jahre lang bewohnte, zu dem gemacht, was es heute ist: Bibliothek, Chinesisches Zimmer – alles seine Inszenierung.

Die neue Art der Berichterstattung wirkte sich auch auf die Inhalte aus: So wurden die Partys der Anzeigenkunden beinah so wichtig erachtet wie Oscarverleihungen, der Society-Teil füllte sich immer mehr mit Bloggern, Influencern mit Millionen Followern, Modeagenten, Menschen hinter den Kulissen, die dutzendweise mit Fotos und kurzen Bildunterschriften in das Heft sprudelten. Und wenn man keinen Zugang zu einem hochkarätigen Fest hat? Macht nichts, dann lädt man eben entsprechende Fotos von Instagram runter. Fertig.

Natürlich gibt es immer noch Tausende, die beim großen Society-Reigen mittanzen – aus Angst, ausgeschlossen oder nicht „in" zu sein. So wie Georg Franck sagt: „Ohne Aufmerksamkeit geht es nicht, und wenn sie mal nachlässt, dann fängt man an, andere schlechtzumachen, um von sich abzulenken …" Das überhaupt ist ein sehr beliebtes deutsches Mittel. Was Vorurteile, üble Nachrede bis hin zum Rufmord bewirken, habe ich erlebt. Da wird gebogen, dass sich die Balken biegen.

Aber hatte ich diesen wunderbaren Beruf gewählt, um Modelabels zu erkennen und gerade mal fünf Sätze – darunter ein Zitat, die Menüfolge und die Gästeliste – über eine Premiere zu schreiben? Menschen vorzustellen, die man erst erklären musste, weil sie keine Selbstläufer waren? Der Begriff „Nichtleistungsprominenter", wie er nach dem Fall des Escortgirls Christine Keeler erfunden wurde, fand somit auch Eingang in das Buch *How to be a Star* von Mark van Huisseling und beschreibt die neue Garde von Paris Hilton über Gitta Saxx (was ist bitte schön ein Jahrhundert-Playmate?) und Verona Pooth bis Sylvie Meis, die mehr durch Präsenz als durch Effizienz glänzen und es mit Lust und Zwang zur Selbstdarstellung schaffen. Während die wirklichen Leistungsprominenten wie etwa Roger Federer, Peter Maffay, Anne-Sophie Mutter, Kirill Petrenko akribisch bemüht sind, ihr Privatleben zu schützen, so wählen die anderen das Silbertablett, die Transparenz, den öffentlichen Glanz und Glamour. Woran lässt sich der Unterschied festmachen? Ein echter Prominenter, so hatte ich es bei der AZ gelernt, wird von mehr Menschen gekannt, als er selbst kennt. Will heißen: Sein Name löst Assoziationsketten aus: Udo? Ja klar, Jürgens, Walz oder Lindenberg. Hannelore? Kohl, Hoger und Elsner, alles paletti. Nun muss man viele Personen erst mal googeln oder auf Events fragen „Wer war das jetzt eigentlich?": Die einstige High Society, längst von der selbst ernannten Society ersetzt, findet sich nur noch im Kino oder hinter hohen Buchsbäumen. Facebook hingegen ist die Spielwiese der heutigen Prominenten, die preisgeben, wo sie was und mit wem verspeisen und unter welcher Palme sie gerade liegen. Das schürt Neid – und ist so gewollt. In einer Zeit, in der im Fernsehen gecastet, gekocht und im Dschungel rumgesaut wird, was das Zeug hält, ist eben alles möglich. Modelmama Heidi Klum hat den Medienzirkus clever durchschaut, Publicity ist alles. „Man kann über sie sagen, was man will, ihr Geschäftssinn ist großartig", findet Figaro Herbert Arnoldy.

Gisela Freisinger, die auch eine Biografie über Medienfürst Hubert Burda geschrieben hat, bringt die Zeitenwende im Gesellschaftsjournalismus auf den Punkt: „Der alte Klatsch drehte sich um ein paar

Persönlichkeiten, die alle kannten, um deren Leben und Liebschaften, Familien- und andere Dramen, er war wie das Kaminfeuer, an dem sich das Publikum wärmte. Web-Boulevard ist beinhartes Business. Hier will jeder was verkaufen, eine schmutzige Scheidung, Mode, Schmuck, Cremes, eine neue Lebensphilosophie. Und an jedem Label hängt ein Preisschild. Auch das Tempo, wer in und wer out ist, ist viel schneller, konstante Größen sind rar geworden." Und Kollege Daniel Funke erklärt: „Alles im Netz ist viel schneller, aber auch aggressiver und oberflächlicher. Es bleibt keine Zeit, Dinge zu vertiefen. Alles fokussiert sich auf ein Bild, eine Zeile – und verengt damit den Blick auf einen Boulevard, der ja eigentlich sehr breit ausgelegt ist."

Die Welt der Prominenten wird enger, viele reiche Menschen schotten sich ab aus Angst vor Neid, Überfall oder Entführung. Auch wollen sie, wie mir einer glaubwürdig verriet, nicht unbedingt zwischen Bloggern, Katzen, Lugners, Geissens, Naddels und dergleichen stehen. Anständige Menschen stellten ihren Reichtum ohnehin nie zur Schau, das überließen sie schon immer gern den Aufsteigern. Es gibt zunehmend weniger Leute mit Namen, die ihr Haus öffnen und etwas von sich preisgeben. Der scheue *Parfüm*-Autor Patrick Süskind, der sich jegliches Foto von sich verbittet, ist längst kein Einzelfall mehr. Auch Royals beschränken ihre Extrovertiertheit auf Pressefotos ohne Interviewchance, richten wie die Holländer Pressestellen ein, damit nichts passiert. Das englische Königshaus erlebte mit der Hochzeit von Meghan und Harry einen ungeahnten Aufwind und löste eine wunderbare Alliance der Kulturen aus, doch Interviews abseits von Charity-Fragen werden für den ehemaligen Serienstar (*Suits*) stets tabu sein. Charlène von Monaco wird nach schlechten Erfahrungen nicht mehr so offenherzig sprechen wie vor ihrer Ehe, die Guttenbergs wohl auch kaum mehr. Dass sie einst so hoch in den Himmel gelobt wurden und als Messias galten und jetzt von manchen Medien so negativ behandelt werden, begreife ich schwer, denn eine zweite Chance gibt es auch für weniger Einsichtige. Es ist etwas typisch Deutsches, auf Gefallene einzuprügeln. Selbst wenn sie bereuen. Und des Kaisers Sommermärchen, für das wir ihm so dankbar waren, ist leider inzwischen auch angekratzt.

Spaß um des Spaßes willen

Früher war nicht alles besser, aber halt ganz anders. Einfacher, ehrlicher, direkter, spielerischer, unaufgeregter. Wenn ein Fest gegeben wurde, ging es um Spaß um des Spaßes willen, bei dem sich jeder angesprochen fühlte – niemand dachte an einen Werbetanz mit PR-Geheule um ein neues Objekt.

In die alten Glanzzeiten, in die großartige, ausufernde und goldene Ära von *Kir Royal* versetzte mich unlängst der Geburtstag von Feinkostkönig Michael Käfer, der mit seiner charmanten Frau Clarissa den Münchner Postpalast in einen bunten Zirkus samt Verkaufsladen der 1950er-Jahre verpackte und uns alle selig staunen ließ. Eine pittoreske Verführung aller Sinne und zugleich eine Hommage an Käfers verstorbenen Vater Gerd, der den Zirkus so geliebt hatte. Da blitzte es für eine Nacht wieder wie einst auf: Idee, Fantasie, Feierfreude der Gäste und Ausführung – perfekt.

Eine weitere rauschende Nacht hielt uns in Rheda-Wiedenbrück in Atem: Fleischkönig und Schalke-Boss Clemens Tönnies hatte zu seinem 60. Geburtstag mit seiner Frau Margit über 1000 Gäste in die Festhalle eingeladen, so eine bunte Mixtur aus Show, Fußball, darunter Namen wie Uli Hoeneß, Franz Beckenbauer, Thomas Helmer, Politik und Unternehmern von Liz Mohn bis zu den Familien Miele und Underberg ist selten geworden in der deutschen Partylandschaft. Als zu Mitternacht der Gastgeber mit Superstar Helene Fischer auf der Bühne sang, war im Publikum kein Halten mehr, alles rockte losgelöst und glücklich.

Gelungene Partys sind natürlich auch die jährlichen prunkvollen AmfAR-Galas im Hotel Eden Roc in Cap d'Antibes und Liz Mohns Rosenbälle zugunsten der Schlaganfall-Hilfe, elegant und sinnvoll beide; mit Sportskanonen aus aller Welt feiern Uhrenfirmen wie IWC in Genf auf der SIHH, der internationalen Uhrenmesse, sie feiern noch im großen Stil und wecken Erinnerungen an exklusive Feste wie in Moskau, wo Präsident Vladimir Putin sichtlich Gefallen an einer sexy Münchner Journalistin fand. Hochkaräter der Wirtschaft tafeln nach wie vor beim Sicherheitsgipfel auf Einladung von Wolfgang Reitzle (Linde) und Anwalt Wolfgang Seybold im feinen Käfer-Restaurant. Und die interessante Verleihung des Medienpreises von Karlheinz Kögel in Baden-Baden zieht jährlich Stargäste wie Ex-König Juan Carlos von Spanien, Bill Clinton, Barack Obama, Königin Máxima der Niederlande an. Als Highlight im Kalender gilt nach wie vor auch das jährliche Sommerfest von Argenta-Chef Helmut Röschinger im Park seiner Münchner Villa. Künstler wie Markus Lüpertz, Galeristen, Politiker und Kulturbosse tauschen sich konstruktiv aus, jedoch, wie in eleganten Kreisen üblich, unter Ausschluss der Öffentlichkeit.

Hör nicht auf zu staunen!

Auch für mich war die Zeit gekommen. Die Frage in den Jahren vor einem Ausstand „Wie lang willst du das eigentlich noch machen?" ist immer auch gepaart mit dem Blick ins Innere: „Wie lange kann man sich denn überhaupt so intensiv um das Leben und Lieben der anderen kümmern? Füllt das etwa aus? Möchte ich nicht mein Leben leben? Mit Freunden und Enkeln neue Herausforderungen annehmen?" Ich bin dankbar für prächtige Kinder und Schwiegerkinder ohne Firlefanz. Auch ist es Zeit, die maßlose Zettelwirtschaft aus Erinnerungen und Artikeln zu entrümpeln, mit der ich 40 Jahre lang, pardon, meinen Mann und auch meine Kollegen genervt habe.

Terminstress, Konkurrenzdruck und viele lange Abende haben Spuren hinterlassen, aber eben – vor allem – auch schöne Erinnerungen! Ich bin froh und dankbar, dass ich das Glück hatte, all diese interessanten Menschen samt ihren Lebensgeschichten kennengelernt zu haben. Sie haben mein Leben bereichert. Ohne sie hätte ich weniger geträumt, gelesen, weniger über Filme gelernt, weniger gelacht und erlebt, weniger mitgelitten, weniger gestaunt und sicher viel weniger gewusst. Nur geschlafen hätte ich eventuell mehr … Eine der bewegendsten Geschichten erzählten mir Detlev und Leslie von Wangenheim nach ihrer Südostasienreise. Sie hatten am 26. Dezember 2004 den furchtbaren Tsunami mit ihren Kindern wie durch ein Wunder überlebt und unterstützen die Region seitdem mit jährlichen Spenden vorbildlich.

Und ja, die 40 Jahre in Redaktionen haben viel Spaß gemacht. Rückblickend würde ich vieles gleich, aber auch einiges anders machen:
Ich würde in Konferenzen bei abträglichen Bemerkungen öfter den Mund
aufmachen. Ich würde die oft angebotenen TV-Einladungen selbst-
verständlich wahrnehmen und nicht wegen eines Engpasses in der
Redaktion absagen. Genauso wie die Sportstunden. Ich wäre vorsich-
tiger mit Schmeichlern oder Lügnern. Wäre weniger naiv bei Menschen
mit betrügerischen Absichten, denn die mischen in der Society bekanntlich auch mit wie die Anständigen. In letzter Zeit lassen die Party-
crasher und Ticketfälscher allerdings beruhigenderweise ein wenig
nach, weil man ihre Gesichter inzwischen weltweit kennt.

Und ich würde mit Geschichten auch mal warten und nicht sofort
„nach oben melden", wenn mir ein Teil eines Paares wie einst Literatur-
professor Günter Blamberger die bis dato unbekannte Trennung von
Hannelore Elsner verrät. Mich hatte ein Vortrag interessiert, den er in
der Evangelischen Akademie in Tutzing am Starnberger See hielt, und
ich war erstaunt, dass sie ihn nicht begleitete. „Wir sind getrennt", sagte
er dort. Die Vorgehensweise, so sehe ich das heute, war falsch: Ich hätte
Hannelore, die ich immer bewundert habe, rechtzeitig informieren
und ihr Zeit und Chance für eine Antwort lassen müssen.

Was ich jungen Journalisten rate, die sich dem „Leben und Lieben der
anderen" widmen wollen? Hört nicht auf, zu staunen und alles ein
wenig mit Humor zu sehen. Staunen, wenn der große Quincy Jones im
New Yorker Beautycenter von Elizabeth Arden auftaucht, sich neben
einen setzt und ein Lied trällert, während er die Füße ins Wasser stellt, um
sich auf die Pediküre vorzubereiten. Staunen, dass man Clint Eastwood
mit zitternden Knien gegenübersteht, während man ihm gesteht, dass
man alle seine Filme kennt, bei *Die Brücken am Fluss* schluchzen
muss und auch schon mal in Carmel-by-the-Sea in Kalifornien war, wo
er Bürgermeister ist. Staunen, dass Tom Hanks im wahren Leben gar
nicht so anders ist wie Forrest Gump, seiner oscar-gekrönten Parade-
rolle. Staunen, wenn man auf Einladung nachts im Louvre stundenlang
Bilder bewundern kann. Oder Senta Berger sagen, dass man sie nach
wie vor eine der Größten findet und ihren Mann Michael Verhoeven

ebenso. Aufgeregt und angeregt bleiben. Loben können und sich was trauen. Hellhörig bleiben, weil dann auch die Zwischentöne zu hören sind, auf die es ankommt: Stars sind ja schließlich auch nur Menschen. Und ja: nie zu gefällig sein, denn das dient der eigenen Gefallsucht. Ein Typ bleiben, sich nicht verbiegen lassen und sich für Anstrengungen nicht zu schade sein, auch wenn kein Lob kommt. Denn wie heißt es in Bayern: „Ned gschimpft is globt gnua!"

Abschiede

Viele der großen Stars verließen uns. Und ich lernte, dass Abschiede zum Reporterleben gehören wie wilde Partys, Hochzeiten, Filmpremieren, Ausflüge auf Yachten oder in Skidorados. Nicht alle Abschiede berühren gleich stark, aber es gab durchaus Trauermomente, die mir die Tränen in die Augen trieben. Oft war doch aus einer Businessbekanntschaft echte Freundschaft geworden. Es entstehen Momente, die zum Nachdenken zwingen, zum Was-hab-ich-versäumt-Rückblick.

Bei Gunter Sachs, dem verehrten Allroundgenie, hatte ich so etwas wie eine Ahnung. Nervös war er bei unserer letzten Kunstreise nach Moskau: schnell aus dem Konzept gebracht, wenn etwas nicht so klappte, wie der Perfektionist das wollte. Ganz anders als der lässige Lebemann von früher. Seine Rede für die russischen Kunstgäste ließ er schon zuvor in St. Petersburg von Freund Claus Jacobi verlesen. Er meinte, nicht die Kraft dazu zu haben. Sachs verdanke ich unvergessene Reisen in die russischen Städte sowie nach Baden-Baden (ins Frieder-Burda-Museum), Hamburg (Museum für Kunst und Gewerbe) und nach Leipzig (Museum für Angewandte Kunst), wo er seine eigenen Werke zeigte. Er wollte als Künstler ernst genommen werden. Anlässlich der Ausstellungseröffnungen hatte er für seine Freunde gern ein Flugzeug gechartert und ein kostbares Rahmenprogramm vorbereitet. Die St. Petersburger Hermitage im glänzenden Mittagslicht, die bunten Kirchen und Schlösschen, die Kaufhäuser und das Schiff – vom Wasser aus erschien die Stadt aus ganz neuer Perspektive. Die riesige Spange: die Armut, der man überall begegnet, und die prunkvollen Hotels. Bei Besuchen in beiden russischen Orten war ich jedes Mal wie entrückt, eine ganz neue Welt tat sich auf. Und Szenen meiner Lieblingsschriftsteller von Dostojewski bis Tolstoi wurden lebendig.

Gern kontrollierte Sachs die ihn betreffenden Seiten direkt vor Ort in der Redaktion, wo ihn der charming Bunte-Art-Chef Christian Guth diplomatisch gewähren ließ. Auch seine Hommage an die geliebte Ehefrau Mirja zum 40. Ehejubiläum war ihm eine Herzensangelegenheit. Die Schar der blonden Sachs-Models, die ihn jahrelang treu begleiteten, wurde zwar nicht kleiner, aber vielleicht waren die Mädchen nicht mehr so sichtlich beeindruckt vom großen Meister. Ich bereue sehr, ihn nicht noch einmal gesehen zu haben, bevor Gunter seinem Leben ein Ende setzte. Langsam oder bedächtig, nein, das wollte er sicher auf keinen Fall werden. Und eine Last für andere schon gleich gar nicht. Wann für ihn ein Ende abzusehen sei, habe ich ihn beim Interview zum letzten runden Geburtstag gefragt. „Wenn der Silberstreif am Horizont nicht mehr zu sehen ist", hat er geantwortet. In dieser Schicksalsnacht in Gstaad, die seine letzte sein sollte, war der Silberstreif für ihn offenbar verschwunden. Das Interview mit ihm war auch deshalb so besonders, weil es, typisch Perfektionist, folgendermaßen ablief: Er stellte zwei Computer auf, ließ mich die Frage tippen, und er schrieb die Antworten. Per Tonband oder Mitschreiben, das wollte er nicht. Es war auf jeden Fall das außergewöhnlichste Gespräch meiner 40 Berufsjahre.

Ich bin dankbar für unendlich viele interessante Interviews. Mit Wim Wenders (der Bescheidenste), mit Zinédine Zidane (pardon, lieber FC Bayern, aber er war der Schönste), mit der Königin von Schweden im Stockholmer Schloss (anlässlich des Bambis und zusammen mit Oliver Fritz), mit Uschi Glas (die Natürlichste), mit Hannelore Elsner (die Leidenschaftlichste), mit Maria Koteneva (die Geheimnisvollste), mit Gottschalk (der Vielseitigste), mit Sylvester Stallone (der Überraschendste, weil nicht nur Schauspieler, sondern auch arrivierter Künstler), mit Charlène von Monaco (die Zurückhaltendste), mit dem Trio

Dietl, Fischer und Eichinger (die Treuesten), mit Natascha Ochsenknecht (die Ehrlichste), mit Quentin Tarantino (der Verrückteste), mit Pierre Niney (der Aufsteiger), der im wunderbaren François-Ozon-Film *Frantz* neben Paula Beer zu sehen war, mit Frauenversteher Schell und eben mit Sachs, dem akribisch Genauesten.

Schlimm gebeutelt waren wir Freunde bei Bernd Eichinger, dessen Tod so unversehens kam wie ein Gewitter. Dieser Abschied fiel mir besonders schwer. Gerade hatte man sich noch in seinem Haus in Los Angeles gesehen, hatte mit ihm gelacht (niemand konnte so schallend schön lachen wie er) und Pläne gemacht. Begeistert erzählte er von der Verfilmung des Lebens von Natascha Kampusch, das Drehbuch war fast fertig. Gezittert hat er, aber sonst war alles wie immer: die Gastfreundschaft, die Freude am Leben, die direkten Fragen, die kaum ein anderer Prominenter je einem Journalisten stellt, das sichtbare Glück, dass er bei seiner Frau Katja nun angekommen war. Wann ist die Uhr abgelaufen? Hat er wirklich an beiden Enden so gebrannt wie eine Kerze, wie so viele Nachrufe später betonten? Hatte er nicht noch so viele Pläne, so viele Filmprojekte im Köcher? Und wie er loben konnte, der Eichinger: „Den Til halte ich für einen der Größten unserer Branche", sagte er über Schweiger, mit Filmhits wie *Knockin' on Heaven's Door*, *Keinohrhasen*, *Kokowääh* oder *Honig im Kopf* der erfolgreichste Filmemacher im Land. Und wie konnte er sich grämen, dass er Henckel von Donnersmarcks *Das Leben der Anderen* nicht produziert hat, sondern das Feld dem Jungduo Quirin Berg und Max Wiedemann überließ. „Das war einer meiner größten Fehler, hab' ich einfach unterschätzt", sagte er. Fehler einzugestehen, das ist selten für einen, der ganz oben ist. Und macht ihn zugleich so menschlich. Zweimal war er für den Oscar nominiert, für *Der Untergang* und für *Der Baader Meinhof Komplex* und oft beneidet wegen seines Gefühls für Stoffe, seiner Antenne fürs Publikum und seiner „Produktionsintelligenz", wie Hanns-Georg Rodek in der Welt beschreibt. Wer so erfolgreich ist, muss doch einen Haken haben, denken leider viele in Deutschland. „War es denn kein Misserfolg?", fragten mich Kollegen am Telefon, als ich in der Pause seiner Berliner

Parsifal-Operninszenierung den Text durchgab. Die Kritiken waren durchwachsen, aber Herrgott, man sollte doch gönnen können.

Es kam bei Bernd aus heiterem Himmel, nicht so wie bei Helmut Dietl, der zwei Jahre lang gegen seinen Krebs kämpfte und mich mit seiner Frau Tamara zum letzten Silvester in seine Schwabinger Wohnung einlud. Kurz zuvor hatte ich ihn anlässlich seiner Bambi-Trophäe (Lebenswerk) bei ihm privat interviewt, und akribisch wie er war, ging er mit mir noch mal in zwei Sessions alle Fragen und Antworten durch. Wort für Wort. Die bösen Kritiken auf seinen letzten Film *Zettl* hat er, das spürte ich, nie überwunden. Es war wie eine böse Abrechnung mit dem Genie, dem die größten Schauspieler früher die Tür einrannten, um eine kleine Rolle zu ergattern. Von Therese Giehse über Ulrich Mühe und Christiane Hörbiger bis zu Götz George. Frei nach dem Satz von Jules Renard: „Es gibt Augenblicke, da gelingt uns alles. Kein Grund zu erschrecken, das geht vorüber."

Angestrengt hielt er sich nun bei der Bambi-Verleihung auf der Bühne aufrecht, wollte partout nicht, dass ihm seine Stars wie Mario Adorf, Senta Berger, Ruth Maria Kubitschek, Michaela May, Michael „Bully" Herbig und Günther Maria Halmer einen Abgesang darbieten. Sie sollten, so die Regie, im Halbrund um ihn stehen und nacheinander „Danke, Helmut" sagen, er fand die Vorstellung schrecklich, grabesgleich. „Dann komm ich eben gar nicht", so seine Entrüstung im Vorfeld. So schwach war er schon und todgeweiht.

Schöne Geste seiner Frau Tamara: Einen Tag nach seinem Tod konnte ich mich noch von ihm verabschieden, so friedlich, wie er dalag, habe ich ihn zu Lebzeiten nie gesehen. Ich legte die drei Rosen zu denen, die der ehemalige Bavaria-Chef und Produzent Günter Rohrbach schon gebracht hatte, nach mir kam Fabrizio Cereghini, dessen Restaurant Rossini in den letzten Jahren Dietls Wohnzimmer geworden war. Die Trauerfeier eine Woche später – mit Kir-Royal-Klängen, einer Rede seiner geliebten Tochter Serafina und dem Klavierspiel von Patrick Süskinds Sohn – wäre nach seinem Geschmack gewesen, der weinselige Ausklang im Seehaus ebenso. Beachtlich war auch die große Dietl-Ausstellung, die seine Witwe für ihn im Literaturhaus organisiert hatte.

Wochenlang sichtete sie Material dafür. Sie schrieb ein Buch über die letzten Wochen mit ihm und sorgte dafür, dass seine unvollendeten Memoiren erscheinen. So bleibt Erinnerung für immer erhalten.

Oder Maximilian Schell, den ich noch drei Tage vor seinem Tod im Krankenhaus von St. Jakob bei Kitzbühel besuchte: Blass war er, die Hand eiskalt, er wollte nicht, dass man geht. Obwohl seine junge Frau Iva da war, die er fünf Monate zuvor auf seiner Alm in Kärnten geheiratet hatte. „Du kommst doch morgen wieder?", fragte er eindringlich, und ich bin froh, dass ich mein Versprechen nicht brach. Ich ahnte, dass ich ihn nie mehr wiedersehen würde. Drei Tage später wachte er aus der Narkose in Innsbruck nicht mehr auf, er war an einer Sepsis an der Wirbelsäule operiert worden. Oft dachte ich: Irgendwie war er wie aus der Zeit gefallen. Wie hatte Schell darunter gelitten, dass neuerdings die Einreise nach Los Angeles so ablief, als wäre jeder ein Verbrecher, wie schwer war die Trennung von seiner russischen Frau Natalya, die in Hollywood Karriere machen wollte, wie schwer die Beziehung zu den Kindern, und wie gern hätte er, der Vielseitige, noch ein Buch geschrieben und eine Oper inszeniert.

Und der stimmgewaltige Sir Peter Ustinov, der Millionen Menschen zum Lachen brachte, der uns erheiterte mit seinen Sketchen, Büchern und dem urgewaltigen Talent, alle Instrumente aus seinem Körper erklingen zu lassen. Serenaden von Bach mit Fagott, Harfe und Geige, alles aus ihm. Welch Geschenk, ihn so oft erlebt zu haben. Das letzte Mal traf ich ihn bei einem Unesco-Ball von Ute Ohoven in Düsseldorf, schon per se ein halbseidener Grenzfall an Vergnügen. Sir Peter war an den Rollstuhl gefesselt, seine Aufgabe als Unesco-Botschafter nahm er ernst. „Ich habe ein Loch im Fuß", sagte er mir, und ich dachte zunächst an einen seiner üblichen Jokes. Nein, es war leider bitterernst, seine Zuckerkrankheit hatte ihm so zugesetzt. Vier Monate später starb er. Ein Jammer, dass ich mich nicht verabschiedet hatte.

Ich denke an Guido Westerwelle, der mir auf der Messe Art Cologne im ersten Bunte-Jahr die Kunst erklärte und sich auch als Minister nie zum Arrogantling verändert hat. Nebeneinander bewunderten wir in Kitzbühel auf der Tribüne am Zielhang die Raser des

Hahnenkammrennens, und beim letzten Treffen auf den BMW Open in München war er noch so hoffnungsvoll. Aus medizinischen Gründen vermied er zwar den Händedruck, schien aber übern Berg zu sein. Die Leukämie war jedoch stärker als er.

Oder der große Udo Jürgens, den ich in umjubelten Konzerten und privat als Superman und großartigen Vater (Tochter Jenny nahm mich zu einem Dinner der Familie mit) erlebt hatte. Sekundenherztod auf dem Spaziergang.

Und einen indirekten Abschied, der mich sehr packte, erlebte ich beim Interview mit Frankreichs Idol Gérard Depardieu. Freundlich war er, wohl wegen meines fließenden Französisch, und sehr ehrlich. Auf seinen Sohn angesprochen, floss der starke Koloss plötzlich wie ein warm gewordener Schneemann in sich zusammen, und er sagte: „Er ist meine größte Sorge, nach einem Motorrollerunfall ließ er sich ein Bein abnehmen, er ist sehr deprimiert." Als ich wenig später hörte, dass Guillaume Depardieu an einer Lungenentzündung gestorben war und zeit seines Lebens seinen Vater attackiert hatte, hallten Gérards besorgte und versöhnliche Worte über seinen Sohn lange nach. Wie viele Väter in der Welt ringen um die Zuneigung ihrer Söhne – und umgekehrt? Ein Phänomen nicht nur in Theater, Literatur und Oper, sondern stark auch im wahren Leben. Ein anrührender Moment für mich war der gesungene Psalm von Tal und Gil Ofarim auf ihren Vater Abi bei dessen Beisetzung auf dem jüdischen Friedhof in München.

Zäsuren zwingen zum Nachdenken und oft zum totalen Neubeginn. Als ich nach der Trauerfeier für Bernd Eichinger neben Thomas Gottschalk aus der Münchner Kirche St. Michael hinüber zum Empfang in der Residenz ging, sagte er mir, ähnlich bewegt wie ich, dass er nach dem Sturz von Samuel Koch bei „Wetten, dass ..?" die Sendung nicht mehr weitermachen könne, am nächsten Tag wollte er es dem Sender mitteilen. Es ging ihm, wie er auch in seinem interessanten Buch *Herbstblond* schreibt, ungeheuer nah, dass der junge Mann nun querschnittsgelähmt ist, weil er seinen Mut überschätzt hatte. Er sagte das so ehrlich und mit so einem bewundernswerten Ernst, dass ich überwältigt war. Auf dem Höhepunkt aufhören, ist nicht die normale Devise in der erfolgsgetriebenen Branche. Wo es danach hinging, konnte er in diesem Moment nicht wissen, und dass er jetzt mitunter Häme erlebt, ist meiner Meinung nach unfair. Typisch Deutschland: Ein Misserfolg wischt oft alles vorherige Optimale weg wie ein Schwamm das Bild von der Tafel. Das Gewogensein kommt in der Gesellschaft bekanntlich in Wogen, unberechenbar wie die Wellen des Meeres. Davon können auch Ex-Bundespräsident Christian Wulff und PR-Zampano Manfred Schmidt, die sich unter anderem mit Events in der Messestadt Hannover und mit interessanten Filmtreffs im privaten China Club in Berlin verdient machten, ein Lied singen. Rehabilitiert sind sie beide. Allerdings nach langer Zeit und vielen entwürdigenden Verhandlungen.

Eichinger, Dietl, Ustinov, Sachs, Jürgens und Everding: Diese Namen leben weiter – mit den erfolgreichen Kindern: Nina Eichinger gilt als eine der versiertesten und natürlichsten Moderatorinnen ohne Schnickschnack, zudem engagiert sie sich als Botschafterin von Vaters Initiative „Artists for kids“; David Dietl bringt demnächst als Regisseur seinen dritten Film heraus und hat viel vom Humor seines Vaters geerbt; Igor Ustinov, den ich oft mit seinem Vater Sir Peter erlebte, machte sich als Bildhauer einen internationalen Namen; Rolf Sachs ist – wie seine Brüder – Künstler und genießt, inzwischen in Rom lebend, weltweite Anerkennung; John Jürgens ist als DJ ausgebucht; und August Everdings Söhne arbeiten alle vier in Regie- und Theaterberufen. Bernd Eichinger würde sich vor Freude auf die Schenkel klopfen, wie super seine Constantin Film weiterläuft – mit Martin Moskowicz, Oliver Berben und Torsten Koch, die nicht nur mit *Fack ju Göhte* einen Millionenhit platzierten. Namen verpflichten.

„Gestern no' ham d'Leut ganz anders g'redt"

Es war wie ein Wink, dass ich im Abschiedsmonat an einem satten Sommerabend eines der eindrücklichsten Konzerte auf dem Münchner

Königsplatz erlebte: Der Schlusssong von Hubert von Goisern sprach mir aus der Seele, und ja, ich musste, die Wunderkerze fest in der Hand, auch ein bisschen schlucken: „Heast as nit, wia die Zeit vergeht, gestern no' ham d'Leut ganz anders g'redt, die Jungen san alt wordn, und die Altn san g'storbn, und gestern is' heit word'n, und heit is' bald morg'n." Alles hat eben seine Zeit.

Natürlich ist es erst mal seltsam, keine Bürozeiten mehr zu haben, weniger Post und E-Mails zu bekommen, keine Bestätigung mehr von Lesern oder denen, die unbedingt immer drinstehen wollen und einen bereits kurz nach der Party schon daran erinnern. Auch musste ich mich daran gewöhnen, eine Einladung rechtzeitig zuzusagen, denn früher – Narrenfreiheit für Journalisten – waren Ad-hoc-Entscheidungen erlaubt.

Doch manche vermissten mich offenbar und teilten das auch mit. Zu Beginn der Post-Bunte-Zeit war ich noch süchtig nach Abwechslung, Gesprächen, Abendterminen und Anerkennung, die „Mühle" läuft ja erst langsam aus. Dann jedoch ging die Energie andere Wege. Nicht die prophezeite Bedeutungslosigkeit macht mir zu schaffen, sondern ein neuer, fast genauso enger Terminplan.

Ich kann immer wieder ein paar Artikel für andere Magazine schreiben, lieferte für die TV-Serie *Münchner Freiheit* von Oliver Berben Ideen und bin mir sicher, dass sie ein Supererfolg wird. Ich darf teilhaben an den Projekten meiner Tochter und lerne im Komitee der PIN-Organisation (die Münchner Pinakothek der Moderne erzielt mit ihren Auktionen jedes Jahr Millionensummen) Neues und Interessantes in Sachen Kunst. Ich freue mich, wenn mich Julia Melchior oder Leontine von Schmettow, die neben Rolf Seelmann-Eggebert wohl Versiertesten in Sachen Königshäuser, für eine Talkrunde oder eine Hochzeit vor die Kamera holen und ich mich im Bereich Charity engagieren kann. Vielleicht schreibe ich auch noch ein Buch – diesmal ruhiger im Allgäu oder auf meiner Lieblingsinsel Gran Canaria.

Ich kann endlich mal zu den Bayreuther Wagnerfestspielen, ohne Merkel und Co. nach ihren Eindrücken fragen zu müssen; die frisch restaurierte Villa Wahnfried besuchen; oder en suite in meinem geliebten Salzburg die Pfingst- und Sommerfestspiele genießen, die immer interessanter werden – Schauspieler Tobias Moretti als „Jedermann" ist ein Erlebnis! Ich entdecke nicht nur, dass wenige wahre Freunde übrig bleiben, sondern auch, was bisher zu kurz kam. Im Literaturhaus, von Tanja Graf und Marion Bösker so super geführt, lasse ich mich von Lesungen (Martin Walser, Bernhard Schlink, Wolf Wondratschek, Klaus Maria Brandauer, Curt Bernd Sucher, Linn Ullmann etc.) inspirieren; ich habe Zeit für viele Ausstellungen in der Münchner Kunsthalle, im Lenbachhaus oder im Haus der Kunst und im Museum Barberini von Potsdam, die mir Kunsthistorikerinnen wie Karin Jenette-Martin, Mon Muellerschoen und Sonja Lechner erklären; ich erlebe ohne Terminstress unvergessliche Abende in Münchens Theater und Oper mit Weltruf. So viele bereichernde Eindrücke! Und: Ich gehe ins Kino, was das Zeug hält. Wie sagte der unvergessene Kollege Michael Althen in seinem Buch *Warte, bis es dunkel ist*: „Filme sind eine Reise durch unser Leben, durch die Hoffnungen, Träume und Wünsche von Generationen. Mit Stars, die unseren Sehnsüchten einen Spiegel vorgehalten haben. Filme als wunderbare Alternative zu dem, was wir für unser Leben halten." Wie ich bei der jüngsten Berlinale sehen konnte, ist es um die deutsche Filmszene bestens bestellt: Nachwuchsstars wie Alicia von Rittberg, Janis Niewöhner, Rosalie Thomass, Emilia Schüle, August Wittgenstein, Hannah Herzsprung, Lars Eidinger (auch grandios als DJ), Lea van Acken, Lucas Reiber, Yella Haase und, und, und … Und wenn ich die Clooneys, Pitts, Nicholsons, Pacinos, Paltrows und Fondas dieser Welt wohl nicht mehr live erleben werde, so kann ich ihnen auf der Leinwand entgegenfiebern. Auch schön! Die rund 40 Hollywoodbesuche seit 1992 waren ja nun schon Geschenk genug. Ich kann mal ein Wochenende nach Basel düsen. Schon lange entzückte mich die historische Stadt mit den behäbigen reichen Patrizierhäusern im Dreiländereck. Oft war ich dort, eingeladen von Arthur Cohn, der den kompletten Domplatz für eine Filmpremiere umgestalten ließ, inklusive Megaleinwand. Oder die Kunstmesse Art Basel, die die ganze Stadt in eine blühende Galeristenszene taucht und auf wundersame Weise Modernes mit Altem paart. Der Hype um Kunst wird immer größer, denn: Art ist die neue Art, sein Geld anzulegen, wenn man Gold oder den Banken nicht mehr vertraut.

Was uns erwartete? Ein Abendessen mit Fotoexpertin Susanne von Meiss bei der Sammlerin Maja Hoffmann, ein Absacker in der Kunsthalle, Feste in der prachtvoll gelegenen Fondation Beyeler mit Künstlern wie Baselitz oder Jeff Koons. Kunstvoll hatte Letzterer Buchsbäume dekoriert, in deren Schatten wir nun ein Picknick einnahmen, um danach mit der historischen Tram zurückzufahren in die Altstadt mit der Kathedrale und den historischen Häusern – eine Trouvaille.

Ich entdecke, dass München viele noch unbekannte Seiten hat – das Werksviertel, die vielen Galerien (meine Favoriten: Kampl, Six Friedrich, Storms und Sabine Knust), das Museum Brandhorst; der Pferderennsport in Riem, der sich dank Mäzen Dietrich von Boetticher inzwischen mit Chantilly, Iffezheim und Hoppegarten messen kann; Modeoasen wie Lodenfrey oder Theresa, die es mühelos mit allen Barneys der Welt aufnehmen können und so viel echter sind als Onlineshopping; In-Lokale mit internationalem Anstrich wie das zwanglose Brenner vis-à-vis vom Marstall, das Dreisternerestaurant Atelier im Bayerischen Hof und das legendäre Schumann's am Odeonsplatz, wahrscheinlich der schönste Fleck Münchens mit der restaurierten Theatinerkirche in Quittengelb, dem denkmalgeschützten Konzertsaal Odeon im Innenministerium und mit dem Klassik-Open-Air-Festival, zu dem Mercedes-Manager Ulrich Kowalewski traditionell Mitte Juli als Mäzen einlädt; der Touristenmagnet Platzl, inzwischen fest in Alfons Schuhbecks Hand, oder die Highlight-Towers in Schwabing Nord, von wo aus der Caterer Ulrich Dahlmann seine Partys lenkt.

Während die Jahre bei Bunte wie im Eilzug rasten, hatte die bayerische Hauptstadt rasant aufgeholt: Stararchitekt Sir Norman Foster gab dem Lenbachhaus mit dem weltberühmten Interieur ein neues Gesicht, Stephan Braunfels baute die Pinakothek der Moderne, die es international mit allen großen Städten aufnehmen kann, Designerin Andrée Putman kreierte den Blue Spa und Salons im Bayerischen Hof als Kunstwerk, und am Jakobsplatz entstand das Jüdische Zentrum –

endlich – nach jahrelangen Anläufen. Schon nach dem Krieg hatten erste Ideen dazu bestanden. Engagiert geführt von Charlotte Knobloch und mit einem Saal, gesponsert von Verleger Hubert Burda.

Und Frauen erlangten, endlich, federführende Positionen: Petra Mayer von der Mayer'schen Hofkunstanstalt, Uschi Glas und Jutta Speidel, die beide ernsthafte Benefiz-Projekte antreiben, Innegrit Volkhardt vom Bayerischen Hof, Steffi Czerny, die Burdas Konferenz DLD (Digital-Life-Design) weltberühmt, und Christa Maar, die die Darmkrebsvorsorge populär machte. Antonella Forte-Wolf (Allianz Kulturstiftung), Judith Epstein und Sunnyi Melles (Jüdische Filmtage), die die Israelitische Kultusgemeinde unterstützen, Bettina Reitz, Chefin der HFF (Hochschule für Fernsehen und Film), die Produzentinnen Susanne Porsche und Gabriele Walther, Regisseurin Heidi Kranz, Rachel Salamander (Literaturhandlung) und die Filmfestchefin Diana Iljine, die jedes Jahr ein tolles Programm hinlegt. All diese außergewöhnlichen Frauen sind Teil der spannenden Ladies-Lunches, die immer populärer werden. Da wird nicht etwa über Männer geklatscht, sondern konstruktiv diskutiert: Über Kunst, Politik, Schulen, Beruf. Das Netzwerken ohne jede Spur von Stutenbissigkeit eröffnet jedes Mal neue Perspektiven und neue Erkenntnisse. Bewaffnet mit Visitenkarten und bereichert geht frau zurück ins Büro oder nach Hause. Und das größte Frauennetzwerk mit bis zu 1000 Gästen stemmt Regine Sixt mit ihrer Damenwiesn.

Starke Frauen, die leider nach wie vor weniger verdienen als Männer, sind stark im Kommen. Es scheint, als würden sie die ehemals starken (und manchmal auch Macho-) Männer der 70er und 80er Jahre endgültig abgelöst haben. Ich werde die ehemalige First Lady Karin Seehofer vermissen, mit der ich auf Filmbällen und Empfängen immer gute und ehrliche Gespräche hatte, die ich als privat verstand. Das nämlich muss einem Journalisten erlaubt sein: zuhören, raten – ohne Hintergedanken. Meistens diskret.

Wertschätzung

„Wir sollten mehr voneinander halten", riet unlängst der große Klaus Maria Brandauer bei einer Lesung zum Faustjahr. Mehr voneinander halten, sich wertschätzen, das ist schön gesagt und vielleicht auch gar nicht so schwer. Die altmodischen und irgendwie abhandengekommenen Attribute wie Anstand und Respekt kommen wieder in Mode, Kollegin Elke Reichart hat darüber ein ganzes Buch (*Was heißt hier Respekt?!*) geschrieben. „Versuchen, dem Gegenüber ohne irgendein Vorurteil zu begegnen", das propagierte kürzlich auch der Jesuitenpater in der Münchner Kirche St. Michael. Über längere Zeit war ich nicht so innig mit der Kirche nach all den Missbrauchs-, Ablass- und Prunkskandalen, nun bin ich wieder dabei. Und wen sehe ich da in einer der letzten Sonntagsmessen? Die Raubtiermagier Siegfried und Roy aus Las Vegas. Es berührte, wie der blonde Siegfried aus Rosenheim mit seiner Klosterschwester-Schwester den Rollstuhl des seit einem Unfall gehandicapten Roy schob. Wir feierten das Wiedersehen danach bei einer anständigen bayerischen Brotzeit im Franziskaner.

Wie wir ja bei Englands Traumhochzeit sahen: Dünkel ist endgültig passé. Aber die Sehnsucht nach perfektem Glück bleibt. Je ungeordneter uns unser eigenes Leben erscheint, desto mehr träumen wir uns mit dieser Traumhochzeit in eine bessere Welt hinein. Mit Toleranz und Humor packt man nicht nur den Journalistenjob, sondern eben auch Veränderungen aller Art besser, bei Verzweiflung sollten wir einfach zu einem von Loriots Diogenes-Bänden greifen.

Gern würde ich mal spaßeshalber alle Events und Menschen der letzten 40 Berufsjahre durcheinanderschütteln und wie durch einen Trichter neu verwerten, es kämen die lustigsten Konstellationen heraus. Frei nach Loriots Sketch *Der Lottogewinner Lindemann*: „Gloria singt mit Clooney in Salzburg die Tosca", „Edgar Reitz entdeckt neuen Heimatstar: Veronica Ferres", „Ex-PR-Boss heult im Dschungelcamp" oder so. Lauter Aprilscherze, weil ja nun alles in diesem Bereich nicht ganz so ernst zu nehmen ist. Dass mich mitunter Menschen begrüßen, die ich nicht mehr einordnen kann, ist laut Freunden normal und noch keine wirkliche Alterserscheinung, weil die Festplatte über die Jahre mit so viel Unsinn vollgefüttert wurde. Noch kann ich mir ganz gut behelfen, indem ich sage, ach ja, wir haben uns doch grade bei soundso über soundso unterhalten. Und schon schießt der andere los, bisher ist es immer noch gut gegangen.

Ich orientiere mich an tollen Beispielen: Mick Jagger, 75, Charles Schumann, 77, Tina Turner, 78, und Meryl Streep, 69. Auch die Ikonen der 70er-Jahre wie DJ Theo Crash, der mittlerweile Künstler ist, Edelgroupie Uschi Obermaier, die heute im Topanga Canyon bei Los Angeles Schmuck entwirft, und Rainer Langhans, den ich nach wie vor weiß gewandet beim wenig revolutionären Pingpong im Münchner Luitpoldpark sehe, sind ja auch noch topfit. Und wenn es nach der US-Sexualtherapeutin Ruth Westheimer geht, dann hab' ich gute Chancen. Was die immerhin schon 90-Jährige rät? „Jeden Abend ausgehen, das hält jung." Was soll mir da schon passieren? Es geht doch erst richtig los!

Danksagung

Neun Monate, so lange wie mein viertes Enkelkind (das erste Kind unserer Tochter) wuchs, hielt mich der Blick zurück auf Trab. Die Menschen, die in diesem Buch nicht vorkommen, mögen mir, wie in den 40 Berufsjahren, verzeihen, die leicht Kritisierten ebenso. Jetzt lässt der Zeitdruck nach und ich spüre, dass Zeit eine andere Dimension bekommt. Mehr Zeitgefühl, keine Zeitverschwendung mehr.

Ich danke Benedikt für Liebe und Geduld, nicht nur während der Berufsjahre. Ich danke meinen Geschwistern und vor allem Eleonore, die mich wie mein Sohn zum Buch ermutigt hat und die ich sehr vermisse, sowie meinen Schwägerinnen Manuela, Michaela und Katharina, die mir das Buch zutrauten. Ich danke dem wunderbaren Lektorenduo Anne Funck und Caroline Ditting für das inspirierende, positive, heitere und konstruktive Teamwork sowie Bernhard Kellner und Roman Schmid vom Verlag teNeues. Und ich danke Hape Kerkeling für sein großartiges Vorwort, es ist eine Riesenehre, ein solches von einem Bestsellerautor (*Ich bin dann mal weg*, *Frisch hapeziert*, *Der Junge muss an die frische Luft*) wie ihm zu erhalten.

Ich danke Pater Karl Kern SJ, dem ich gern zuhöre und der unsere Tochter traute, Kerstin Holzer, Jens Puppe, Theo Gerlach, Thomas Poschinger und Angela Waldleitner, den Teams von ECOS München und Armona Thiersee, den hilfreichen Nachbarn Albert Bodner und Kollegen. Ich danke 18 Nichten und Neffen, die mich jung halten – wie meine Kinder, beide mit großer Leidenschaft für Familie und Beruf. Und den Taufpatenkindern: Ferdinand, der „Altes Schloss Kißlegg Seminar und Event" leitet; Lucia, die den Berliner Heimathafen powert; Johannes, Regisseur und Schauspieler; Marie-Catherine, Tochter des Kunsthistorikers Christoph Douglas, die seine Kunstberatung weiterführt. Und ich danke Anneliese Friedmann und Hubert Burda, bei denen ich viel lernen durfte.

Autorenvita

Marie Waldburg, geboren in Wolfegg im Allgäu, absolvierte die Deutsche Journalistenschule in München. Ab 1976 war sie für die Münchner Abendzeitung (AZ) tätig, von 1999 bis 2016 bei der Bunten. Als Society-Reporterin nahm sie fast vier Jahrzehnte regelmäßig an den wichtigsten gesellschaftlichen Events teil, von den Verleihungen der Golden Globes und der Oscars in Los Angeles über die Filmfestspiele in Cannes und Venedig bis zu den prunkvollen Hochzeiten der europäischen Königshäuser.

Bildverzeichnis

Covermotiv: © Jörg Fokuhl
Seite 100 (zwei Fotos): © privat
Seite 101 (oben): © Roger Fritz
Seite 101 (unten): © Bernd Lindenthaler
Seite 102: © Roger Fritz
Seite 103 (oben): © privat
Seite 103 (unten): © Hug/Interfoto
Seite 104 (oben): © Hug/Interfoto
Seite 104 (unten): © Sabine Brauer Photos
Seite 105 (drei Fotos): © Roger Fritz
Seite 106 (zwei Fotos): © Guido Krzikowski
Seite 107: © Roger Fritz
Seite 108/109 (vier Fotos): © Thomas Zwink
Seite 110 (oben): © Roger Fritz
Seite 110 (unten links): © Marlies Schnetzer
Seite 110 (unten rechts): © Franziska Krug
Seite 111 (oben): © Passauer Neue Presse
Seite 111 (unten links): © Eickhoff privat
Seite 111 (unten rechts): © Ufuk Sevinc
Seite 112 (oben links): © Franziska Krug
Seite 112 (oben rechts): © Agency People Image
Seite 112 (unten): © Franziska Krug
Seite 113 (oben): © privat
Seite 113 (unten): © Sabine Brauer Photos
Seite 114 (zwei Fotos): © Sabine Brauer Photos
Seite 115 (oben): © Pascal Le Segretain/Amade Mondiale/Getty Images
Seite 115 (unten): © David M. Benett/Getty Images

© 2018 teNeues Media GmbH & Co. KG, Kempen
Text © 2018 Marie Waldburg
Alle Rechte vorbehalten.

Vorwort: Hape Kerkeling
Lektorat: Anne Funck, Caroline Ditting
Redaktionelle Betreuung: Roman Schmid
Creative Director: Martin Graf
Design: Robin John Berwing
Satz: Sophie Franke
Bildbearbeitung & Proofs: Robin Hopp
Herstellung: Alwine Krebber

ISBN 978-3-96171-104-8

Gedruckt in der Slowakei

Bibliografische Information der Deutschen Nationalbibliothek
Die Deutsche Nationalbibliothek verzeichnet diese Publikation in der Deutschen Nationalbibliografie; detaillierte bibliografische Daten sind im Internet über http://dnb.dnb.de abrufbar.

Published by teNeues Publishing Group

teNeues Media GmbH & Co. KG
Am Selder 37
47906 Kempen, Germany
Phone: +49-(0)2152-916-0
Fax: +49-(0)2152-916-111
e-mail: books@teneues.com

Press department: Andrea Rehn
Phone: +49-(0)2152-916-202
e-mail: arehn@teneues.com

Munich Office
Pilotystraße 4
80538 Munich, Germany
Phone: +49-(0)89-443-8889-62
e-mail: bkellner@teneues.com

Berlin Office
Kohlfurter Straße 41–43
10999 Berlin, Germany
Phone: +49-(0)30-4195-3526-23
e-mail: ajasper@teneues.com

teNeues Publishing Company
350 7th Avenue, Suite 301
New York, NY 10001, USA
Phone: +1-212-627-9090
Fax: +1-212-627-9511

teNeues Publishing UK Ltd.
12 Ferndene Road
London SE24 0AQ, UK
Phone: +44-(0)20-3542-8997

teNeues France S.A.R.L.
39, rue des Billets
18250 Henrichemont, France
Phone: +33-(0)2-4826-9348